本書獲二〇二一年貴州省出版傳媒事業發展專項資金資助
本書獲貴州省孔學堂發展基金會資助

本書據南京圖書館藏明崇禎十四年林銓刻本影印

【陽明文庫】古籍整理系列

鄒忠介公奏疏

【〔明〕鄒元標 著 陸永勝 編】

孔學堂書局

本書獲二〇二一年貴州省出版傳媒事業發展專項資金資助
本書獲貴州省孔學堂發展基金會資助
本書據南京圖書館藏明崇禎十四年林銓刻本影印

圖書在版編目（CIP）數據

鄒忠介公奏疏 / (明) 鄒元標著；陸永勝編. — 貴陽：孔學堂書局, 2023.9
（陽明文庫. 古籍整理系列）
ISBN 978-7-80770-440-9

Ⅰ. ①鄒… Ⅱ. ①鄒… ②陸… Ⅲ. ①奏議－彙編－中國－明代 Ⅳ. ①K248.065

中國國家版本館CIP數據核字(2023)第081707號

陽明文庫（古籍整理系列）
鄒忠介公奏疏 〔明〕鄒元標 著　　陸永勝 編
ZOUZHONGJIEGONGZOUSHU

項目執行：蘇　樺
責任編輯：陳　真　禹曉妍
書籍設計：曹瓊德
責任印制：張　瑩

出　　品：貴州日報當代融媒體集團
出版發行：孔學堂書局
地　　址：貴陽市烏當區大坡路26號
印　　刷：雅昌文化（集團）有限公司
開　　本：889mm × 1194mm 1/16
印　　張：13.25
版　　次：2023年9月第1版
印　　次：2023年9月第1次
書　　號：ISBN 978-7-80770-440-9
定　　價：108.00元

陽明文庫

鄒元標其人其書其學

一、鄒元標其人

鄒元標（一五五一至一六二四年），字爾瞻，號南皋，江西吉水人。元標初從歐陽德、羅洪先的弟子胡直游，閱名山大川，訪書院諸家。後又師事王門弟子羅近溪、鄧以讚，爲第三代王學弟子。黄宗羲認爲元標之學『以識心體爲入手，以行恕於人倫事物之間，與愚夫愚婦同體爲功夫，以不起意、空空爲極致』[一]。《四庫全書總目提要》亦云：『其學亦陽明支派，而規矩準繩持之甚嚴，不墮二王流弊。』[二]可見，元標之學深得陽明心學之精髓，而無陽明後學之流弊。

萬曆五年（一五七七年），元標中進士，觀政刑部。初入仕途的鄒元標不以位卑忘國憂，針砭時弊，忠言直諫，意圖改革朝政。同年十月，針對張居正居喪不丁憂，『以奔喪爲常事而不屑爲』，鄒元標三次上疏反對『奪情』，並以此爲大不敬事提出彈劾，結果被廷杖八十，謫戍貴州都匀衛。都匀六年，鄒元標與黔中心學名士，被稱爲貴州『理學三先生』的馬廷錫、孫應鰲和李渭相與講學論道，甚爲相得，並爲李渭《先行録》作序，其中有云：『古之學者，學之爲君臣焉，學之爲父子焉，學之爲昆弟夫婦朋友焉，言理便是實理，言事便是實事。……子知先生之學，則予昔之未以子躬行爲是，今以先生躬行爲正。』[三]由此可知，鄒元標之學也是真切之實學。鄒元標在都匀『張公讀書堂』大講陽明良知之學，開黔南一時講學之風，並培養了陳尚象、吴鋌、余顯鳳等大批都匀王學弟子。鄒元標離黔幾十年後，仍不忘奬掖貴州後進，如他在《答陸鍾陽孝廉》中説：『貴地孫淮海、李同野當時在人争易之，今爲貴州人品，吾弟輩有一人向此路行，吾志遂矣。』[四]其黔中弟子爲紀念他，遂在其講學之地建南皋書院。郭子章《黔記》記載：『爾瞻謫都匀，至則修張公讀書堂，日與匀士

[一] 黄宗羲：《忠介鄒南皋先生元標》，《明儒學案》卷二十三，沈芝盈點校，中華書局二〇〇八年版，第五三四頁。
[二] 永瑢等：《四庫全書總目》卷一百七十二，中華書局一九六五年版，第一五一四頁。
[三] 郭子章：《藝文志下》，《黔記》卷十五，萬曆三十六年刻本。
[四] 鄒元標：《答陸鍾陽孝廉》，《願學集》卷三，萬曆四十七年龍遇奇、郭一鶚刻本。

講業，謳吟自適。所著詩文，門人刻之，名曰《雲中存稿》。都勻，昔名都雲也。』[一]余顯鳳曾以詩高度評價鄒元標在黔南的講學活動對當地士風的影響：『鄒先西江來，清風被吾里。竟挽劍河流，換却西江水。』[二]清代貴州巡撫田雯在《黔書》中説：『蓋自王文成、鄒爾瞻講學明道，人知向學，故黔之士能望的而趨，握瑾以售，正不乏人。』[三]應柱史朝卿爲其《雲中稿》序曰：『雲中者，夫非公之龍場乎？讀公之製，感慨入靈均之思而不忘其樂；豪舉似淵明之達，而不廢其憂；格言名理，繼文成之響而壹禀於忠懇。彼其了悟心性，鋭意聖賢，即名節二字，且目爲障。奚知順逆險易，又豈以勳庸加損。迺天下想望丰采，則方以公之隱顯卜世道盛衰。是稿也，固宜與《龍岡集》並傳不朽也與？』[四]可見，後人對鄒元標都勻講學及其著作均與王陽明同等視之，給予很高的評價。在《明儒學案》中，黄宗羲基於地緣關係將鄒元標劃定爲江右王學，但由以上所論及史料可以看出鄒元標對都勻王學的巨大開創和推動作用，故從地域學派建構角度看，鄒元標是當之無愧的都勻王學之先師，亦是黔中王學的重要一員。

萬曆十一年（一五八三年），張居正去世後，鄒元標受召回京，擢升吏科給事中。鄒元標起用後即上書請求恢復全國書院，並多次上疏改革吏治，醫治民瘼，直諫『培君德、親臣工、肅憲紀、崇儒術、飭撫臣』[五]五事，並假慈寧宫火災，諷諫明神宗節欲，觸犯了皇帝，被皇帝視爲『訕君賣直』。此間，鄒元標還彈劾罷免了首輔申時行的姻親禮部尚書徐學謨以及南京户部尚書張士佩，遭到申時行的不滿。適遇黨争，遂再次遭到貶謫爲南京刑部照磨，後調任南京兵部主事，再徵召改任吏部。先後歷任吏部員外郎、刑部郎中，至因病免職。後起用候補驗封，便陳述吏治十事，百姓疾苦八事，奏疏接近萬言。鄒元標居南京三載，便辭病歸里。後雖起爲吏部郎中，不赴。後母殁，遂居家講學，未涉仕途。從萬曆十八年（一五九〇年）至萬曆四十八年（一六二〇年），鄒元標居家講學三十載。期間，鄒元標主持吉水仁文書院，並講學於吉安青原會館、白鷺洲書院、白鹿洞書院等，從游者甚衆。同時，鄒元標與顧憲成、趙南星成爲『東林黨三君』。明

[一] 郭子章：《藝文志下》，《黔記》卷十五，萬曆三十六年刻本。
[二] 莫友芝等：《南皋書院落成呈陳給諫尚象吴解元鋌》，《黔詩紀略》卷十一，關賢柱點校，貴州人民出版社一九九三年版，第四一九頁。
[三] 田雯：《設科》，《黔書》，羅書勤點校，《黔書·續黔書·黔記·黔語》，貴州人民出版社一九九二年版，第一二頁。
[四] 郭子章：《藝文志下》，《黔記》卷十五，萬曆三十六年刻本。
[五] 黄宗羲：《忠介鄒南皋先生元標》，《明儒學案》卷二十三，沈芝盈點校，第五三二頁。

光宗即位後起用爲大理寺卿。尚未到任，被提拔爲刑部右侍郎。

天啓元年（一六二一年），任刑部右侍郎，不久改任吏部左侍郎，轉左都御史。針對當時朝廷内激烈的黨争，鄒元標進諫『和衷』之議，憂國之心，溢於辭表。在舉薦人才方面，鄒元標舉薦重用涂宗濬、李邦華等十八人，並請求徵召録用葉茂才、趙南星、高攀龍、劉宗周、丁元薦，以及撫恤、起用羅大紘、雒于仁等十五人，明熹宗均贊同接納。鄒元標不計前嫌，進言協助平反張居正，『江陵功在社稷，過在身家，國家之議，死而後已，謂之社稷之臣，奚愧焉』，最後使其復官復蔭。在治軍理政方面，鄒元標疏陳開發荒地，積集財賦，加强軍備等數事，並提出保證安寧的四項規條，得到朝廷的認可。在書院講學方面，鄒元標與左副都御史馮從吾建首善書院，集合志同道合者講學其中，不意受到給事中朱童蒙、郭允厚、郭興治等的彈劾，於是上疏請辭，被賜乘驛車回家。後進呈《老臣去國情深疏》，陳述軍國大計，不忘國憂。

天啓四年（一六二四年），鄒元標病卒於家中，享年七十四歲。天啓五年（一六二五年），御史張訥疏請毁天下書院，詆毁鄒元標，魏忠賢矯旨剥其官籍。崇禎元年（一六二八年），追贈爲太子太保、吏部尚書，謚忠介。

總之，鄒元標一生清正廉直，潛心治學，憂國憂民，名譽頗高，堪稱一代名賢。

二、鄒元標其書

鄒元標一生著書不輟，著作等身，從現有文獻資料來看，其著作主要有《願學集》《存真集》《南皋鄒先生會語講義合編》《鄒忠介公奏疏》《岳武穆精忠傳》《雲中存稿》《太平山居疏稿》《日新編》《仁文會語》《奏疏補遺》等十餘種。然鄒元標生於明末亂世，不少著作散佚不見，目前可查者主要有五種，多爲後世整理刊刻本。

《願學集》八卷，這是鄒元標著述中流傳最爲普遍的一種，主要有四個版本，其一爲明萬曆四十七年（一六一九年）龍遇奇、郭一鶚刻本，另三種均爲清代本：清乾隆十年（一七四五年）特恩堂刻本、清乾隆十二年（一七四七年）吉水鄒氏刻本和清《文淵閣四庫全書》補配清《文津閣四庫全書》本。從時間和清代四庫全書『選書』的角度出發，明刻本的價值不言而喻。

《存真集》六卷。《存真集》主要有兩個版本，其一爲明李生文、張瑀等刻本；其二爲清乾隆十年（一七四五年）特恩堂刻本。這兩種刻本都很少流傳，形如『孤本』。其中特恩堂刻本現存於南京圖書館，與《願學集》合編爲《鄒忠介公合集》十六卷。

《南皋鄒先生會語講義合編》四卷，學界慣稱爲《語義合編》，其重要版本爲明萬曆四十七年龍遇奇刻本。該版影印收入《四庫全書存目叢書》，由齊魯書社於一九九五年出版。

《鄒忠介公奏疏》五卷，目前可查者爲明崇禎十四年林銓刻本，爲孤本。

《岳武穆精忠傳》六卷六十八回，由鄒元標編訂，其現存刻本兩種皆爲清代本，一爲清一枝山房刻本，一爲清乾隆三十六年（一七七一年）寶仁堂刻本。《岳武穆精忠傳》爲傳記體文學作品，且是編著，因此在鄒元標哲學思想方面價值較小。

除了以上著述，目前文獻可查，鄒元標還有一些散佚之作，如《鄒南皋先生集》一卷（清康熙洪洞范鄗鼎五經堂本）；《集句叢鈔》四卷［清嘉慶十五年（一八一〇年）林茂堃刻本］和《古詩十九首》［明天啓四年（一六二四年）行書拓本］等。

鄒元標的著作目前還没有得到全面的整理和出版，部分著述在一些大型刻本影印叢書中已得到出版。但就目前所見，多爲清代四庫本，故在版本價值方面遜於明刻本，且因爲多爲大型紙質圖書，對於研究者而言，查閱甚爲不便。主要涉及以下幾部叢書：四庫全書存目叢書編纂委員會編：《四庫全書存目叢書·子部一四》，濟南：齊魯書社，一九九五年；顧廷龍主編、《續修四庫全書》編纂委員會編：《續修四庫全書》（第四八一、四八二、九四二册），上海：上海古籍出版社，二〇〇二年；商務印書館四庫全書出版工作委員會編：《文津閣四庫全書》（第四三二册），北京：商務印書館，二〇〇五年；王鍾翰主編、四庫禁毁書叢刊編纂委員會編：《四庫禁毁書叢刊補編》（第二三册），北京：北京出版社，二〇〇五年；紀昀、永瑢等編纂：《景印文淵閣四庫全書》（第一二九四册），臺灣商務印書館，二〇〇八年；徐永明、樂怡主編：《美國哈佛大學哈佛燕京圖書館藏明代善本別集叢刊》（第二三册），桂林：廣西師範大學出版社，二〇一七年等。

三、鄒元標其學

鄒元標生活在明代晚期，其所面對的社會狀況更是千瘡百孔，社會弊病層出不窮，朱明王朝江河日下。正如《明史·吕坤傳》所載：『自萬曆十年以來，無歲不災，催科如故。臣久爲外吏，見陛下赤子凍骨無兼衣，饑腸不再食，垣舍弗蔽，苫藁未完；流移日衆，棄地猥多；留者輸去者之糧，生者承死者之役。』[一]天下疾苦無以復之，內憂必有外患，時值遼軍進犯，並在數月內攻克撫順、清河等地，大明王朝岌岌可危。然而此時的萬曆皇帝依舊奢侈無度，『數年以來，御用不給。今日取之光禄，明日取之太僕，浮梁之磁，南海之珠，玩好之奇，器用之巧，日新月異。……以至覃恩錫賚，小大畢霑；謁陵犒賜，耗費鉅萬。錙銖取之，泥沙用之』[二]。特别是在張居正死後，作爲國之棟梁的大臣們不但束手無策，反而清言自高，危言聳人，黨同伐異，『帝怠於政事，章奏一概不省，廷臣益務爲危言激論，以自標異。於是部黨角立，另成一門户攻擊之局』[三]。仕風如此，國事休矣。伴之而隨的是民風刁詭，棄善揚惡，『世間與人爲善者少，忌善者多；明善之脉絡者少，不明乎善者多』[四]。學風亦是不知務實踐履，清高搏譽，『吾鄉學問極能纏縛英豪，三尺豎兒口能談陽明，問其所以爲陽明，白頭不知也，言及此令人厭甚』[五]。此學之弊，對於胸懷儒家内聖外王理想、以天下蒼生爲念，行濟世化民之道的鄒元標而言自然是厭惡至極。這種社會生態同時也構成了鄒元標經世思想的社會文化背景，成爲其經世之學批判和建構的語境。

鄒元標的經世思想突出特點在於更注重思想理論及實踐方法的針對性，因此，不但當時他本人身體力行之，而且從現在的個人治理、民間治理、政治治理等角度看也依然具有實踐性和啓發性。作爲心學的代表人物之一，鄒元標的經世思想仍然是在心學的體系内展開的，心、性、仁是其經世之學本體論的核心範疇，作爲致思維度的知行合一貫穿其整個心學功夫理論，在本體和功夫的基礎上建構的實踐論顯然更具有深刻性、針對性和實用價值。作爲時代與學術發展衍變的印迹，鄒元標的經世之學思想與陽明及其一代、二代弟子相比，其對朱學和佛教思想有了更多的包容。這種包容不是學者一般意義上的『陰攝』，而是表現在其言行之上的。但毋庸諱言，在當時的學術生態下，這種包容是有局限性的，有别於晚明的逃禪思潮。總體而言，鄒元標的經世之學體現爲三個方面：

[一] 張廷玉等：《吕坤傳》，《明史》卷二百二十六，中華書局一九七四年版，第五九三八頁。
[二] 張廷玉等：《孟一脈傳》，《明史》卷二百三十五，第六一二六頁。
[三] 趙翼：《明言路習氣先後不同》，《廿二史劄記》卷三十五，中華書局一九六三年版，第七三八至七三九頁。
[四] 鄒元標：《答粵中友》，《願學集》卷三，萬曆四十七年龍遇奇、郭一鶚刻本。
[五] 鄒元標：《柬友人》，《願學集》卷二，萬曆四十七年龍遇奇、郭一鶚刻本。

（一）實心

鄒元標經世之學的本體即是仁、性合一的實心，作爲實體的心是功夫論、實踐論的基礎。龍遇奇曾評價鄒氏的學術思想風貌道：『先生之學以透性爲宗，以宗爲教，故無教非宗，即體即用，即下學即上達，其實修實證，無一不歸之日用倫常，而其活活潑潑，元元本本，無問談神化，抉性命即隱若奧深微爲讐。』[一]可謂中肯！其指點出了鄒氏之學『透性』『體用合一』『實修實證』『不離日用倫常』的特點。從鄒氏經世之學本體論的角度言，在『透性』之外，鄒元標仍有對心體之仁、心體之實的論述，從而構建起其心性合一的實存實有的實心本體論。

鄒元標認爲仁是人的本質和自然本性，而且是體現儒家最高價值原則的本體範疇。鄒氏主張仁，在很大程度上是爲了避免日益玄虛的良知、心等提法，具有針砭時弊的責任意識。當然，鄒元標的仁學思想亦有其突出之處——强調識仁、行仁及將作爲善惡標準的仁轉化爲是非標準，這一方面突出了仁的行動性，另一方面建構起一套嚴格的道德標準，對道德之惡進行嚴厲的擯除。鄒元標仁學思想的這些特質在某種意義上是爲了對治當時的空疏之風及政治層面、民間層面、士大夫層面存在的道德弊病，從而建構起以道德爲内核的務實踐履的實學思想，因此具有突出的時代價值和意義。

鄒元標曾說，『予最佩服《識仁》一書，直入聖域』，並提出了其『識仁説』。鄒元標依循《易傳》的『生生之謂易』的理論模式，認爲仁具有生生的性質，仁之體即心，仁生生不已，心亦生生不已。生生即是體也是用，内存於人的心，既具有天地生生之根本的本體意味，又被賦予了强烈的倫理情懷，其超越人倫日常，又不離人倫日常，所以依鄒氏之言，仁是行動的。仁的倫理内涵爲其在倫理道德實踐領域中的展開提供了必要的理論依據。鄒元標肯定先聖的識仁之教，要求學者先做識仁的功夫，識仁是爲仁的前提，爲仁只在復禮，即按照仁的要求而行。鄒元標從兩個方面談到識仁的問題：一方面，從心即仁出發，强調識仁要做自訟和日減的功夫。另一方面，從體用關係出發，强調在日用事爲中歸仁。在鄒元標看來，仁體自足，體用合一，心體本無體，以萬事萬物爲體，所以盡心就要盡物，求心就要在人倫日用中求，不可外物求心。可見，鄒元標的識仁説是立足於現實生活的，這也爲其經世思想的展開提供了理論基礎。

鄒元標認爲仁在本質上是行動性的，而且這種行動性是内在自發的，因此，人行仁應該是一種自覺自爲的行爲。鄒元標肯定由仁義

[一] 龍遇奇：《刻鄒南臯先生語義合編序》，鄒元標：《南臯鄒先生語義合編》，萬曆四十七年龍遇奇刻本。

行，而否定行仁義，他認爲由仁義行即是順性而動，不染人爲；行仁義則作而致其情，滿足一種爲仁的情感。前者體現了仁的自發動、自驅動、自主宰的本體地位，後者則以仁義爲目的，不免有自私用智之嫌。鄒元標同時也認爲，由仁義行要建立在心體自信基礎上，人如果不能自信其心，自信其仁，那麽就是無主宰，不免虚生浪死。鄒元標的行仁思想並不僅僅停留在意識的層面，而是落實於日常生活和道德實踐中的，因此具有現實的意義和價值。在儒家倫理中，仁與惡相對，其本是道德評價標準，但鄒元標將其强化爲是非標準。如他説：『學在識仁，識仁則無之非是，不識仁則無之而是。』[一]識仁則是，不識仁則非，鄒元標的這種轉化在明晚期良知學日益空疏，脱離本體，追逐於情志的環境下具有對治時弊的實際價值，通過這種嚴格的標準，對社會中不符合仁義道德的行爲進行嚴厲的擯除。

鄒元標的『實心』説另一重要維度即是對『性』的關注。鄒元標對朱熹、王陽明等理學家關於性的思想都有所繼承，並有發展，其最大創新之處在於强調了『透性』的教化作用，這即是對其心學思想的豐富，也是對性的學説的發展。鄒元標認爲性通天地民物，外人物而無性。盡性，惟盡人物之性而已。在心學中，心爲本體，心即性，即是强調性的本體地位。性即理，理發之於萬物，則性亦發於萬物。鄒元標認爲，無性，則無古今天地萬物，盡性，則天地萬物一體。人之七情五倫亦是性的發用，所以情盡而性盡。因此，在某種意義上可以説，性無體，以萬物爲體，性無真亦無妄，性存在於物性之中，求性之真，性之妄，都是執着、病痛。只有悟得性之真、妄是不可求，方見性。可見，鄒元標將性與仁、義統一，將七情歸爲性之發用，具有一定的倫理實踐意義。鄒元標認爲人做得盡性功夫，那麽就可以達到内外合一、萬物一體的樂的境界。從内外、體用的角度言，『學者果透本性，則知克塞宇宙皆此理也。何内外之可言。内外者，體用之謂也，體用不二』[二]。性貫通天地萬物，因此，學者透性，則天地萬物皆此性也，無有内外，體用不二。同時性包含五倫七情，盡人之性，則盡人倫之情，盡物之性，則盡萬物生生之意，這是一種人倫和美，無不自得，萬物和生，無有缺失的境界。

鄒元標的透性説並没有僅僅停留在義理論析的層面，而是落實於現實的道德踐履之中，心與性的合一使其本體論和透性功夫具有更爲切實的現實價值和意義，成爲鄒氏經世之學的重要組成部分。

如果説鄒元標通過對『識仁説』和『透性説』的哲學分析建構並豐富了心體的内涵，是對其實心本體論的正向建構，那麽，其通過

[一] 鄒元標：《龍華會紀》，《南皋鄒先生會語合編》上卷，萬曆四十七年龍遇奇刻本。

[二] 鄒元標：《鷺洲會紀》，《南皋鄒先生會語合編》下卷，萬曆四十七年龍遇奇刻本。

『以心釋空』論證心體的實存性，則是一種反向建構。實存性的本體是儒家哲學的理論基石，是其功夫、發用、體用、境界、踐行等的依據。鄒元標在儒佛之辨的視域内，以『心』釋『空』，間接地論證了心的實體性存在，爲其經世思想奠定了實心的本體論，體現出其詮釋價值之一面。另外，鄒元標的詮釋立場在明末儒非佛的語境中凸顯出鮮明的心學立場，表現出其儒家本色。可以説，鄒元標對空的詮釋，一方面體現出其時儒佛交融的學術語境，另一方面體現出鄒氏的心本論立場和對心體『實有』的持守。鄒氏的這種詮釋立場和視角同時也賦予了其心學本體『空』爲表徵、『實』爲本質的特點，使其顯得空靈而富有詮釋能力，這主要體現在對『體空』『性空』『空空』的詮釋上。

在鄒元標看來，空之體並不是體之空，空本身也是一個實體性的存在。正是在此意義上，鄒元標否定空是佛教的斷滅，認爲浮雲蒼狗，變幻無常，從『相』的角度言，是相空。而相之體則不爲變幻所轉，所以能够把握空空之體，就能以天地在手，萬化生身。關於『性空』的詮釋主要是圍繞『煩惱即菩提』展開的。世之學者爲學功夫未精，未能悟得性體，便曰性本空，煩惱即菩提，這是執着於煩惱或表像，而否定『性』的存在，以致流爲無忌憚。從佛學的『緣起論』而言，煩惱因緣而起，因緣而滅，性本爲空。真正的菩提路是因緣而悟，而不是罪性空。因爲，罪性空的邏輯前提即是以性空爲實體，這是不符合佛學義理的。鄒元標認爲煩惱即菩提，不是要人執着於煩惱，而是要在煩惱上體悟性體，用儒家的話來講，就是要在日用常行中磨練功夫，體悟本體。在此意義上，人如果能悟得性空，那麽作爲表像的煩惱即以性空爲體。所以，從體用的角度講，煩惱即菩提。作爲本體的性空具體指什麽？鄒元標認爲，真性作爲本體是超越外在形骸的，因此從本體與功夫的角度言，不悟本體，功夫便執着於外物，遂有犯手處；悟得本體，功夫便未致絲毫氣力。但未致氣力，並不是不做功夫，而是以無功夫爲功夫，在本體上做必有事焉的功夫。

鄒元標在《南都會紀》中與學生討論《論語·子罕》『吾有知乎哉？無知也，有鄙夫問於我，空空如也，我叩其兩端而竭焉』時提出了『空空』的觀點。鄒元標認爲，一般人常常執着於兩個對立的事物中，不能釋懷，不能做到廓然大公。而聖人則能超越對立面，而歸於空空。那麽，空空指什麽？它與兩端的關係如何？鄒元標認爲，聖人致知於無知，格物則不聞不見，無知之知和不聞不見都是空，但二者又是不同的。不聞不見之空指不執着於物，以外物爲空。無知之知之空則指事物的本質爲空。由此可見，鄒元標所謂的本體之空即是外於對立兩端的中和心體。因此，在根本上，空空之本體乃是實體之心。鄒元標的實心思想正是建基於此。

總之，鄒元標通過對仁、性、空的論述，建構起其心學經世思想的實心本體論，爲其實學功夫論和仁治觀奠定了理論基礎。從中我們可以窺視到鄒氏之學的精嚴細密和在心學傳承中的重要地位，而其實功的功夫論和實行的仁治觀亦在其中矣。

（二）實功

鄒元標在其思想體系中對心學功夫的論述始終體現出一種時代的緊迫感與使命感，這既有時代社會、文化、政治生態的外因作用，也和其實心本體論及心學自身發展演變相關聯，正是在内外因的雙重作用之下，鄒元標的功夫論體現出鮮明的實學特色，其針對時弊建構了以心爲體，以知行合一爲内在維度的實悟、實修相結合的功夫論，具有突出的實踐價值。

鄒元標對作爲功夫内在維度的知行合一的論證有着實踐與義理的雙重考慮。鄒元標的時代，爲學之風日益弊陋。心學自陽明光大之後，大有功於明初僵化理學所導致的知行不一學風的改善，然而到了明末，王門後學的一些重要弟子片面追求心性，清談務虚，崇尚高明一路，不事踐履，再次重蹈了知行不一的覆轍。歷史的吊詭在於，王陽明當年爲了對治『病革臨絶』的社會弊病而提出的良知學説和知行合一功夫，後來在其王學内部分别成爲攻擊的目標和武器。但深究之，我們發現，明末所攻擊的良知學已經不是王陽明所宣導的真良知學，而是一種假道學，作爲武器的知行合一是不變的真理，但假道學的知行合一仍然不是陽明的真知行合一。

首先，鄒元標强調了知行合一的功夫維度。明末出現的種種學弊歸其要即是知行不一，因此强調知行合一在功夫各個層面的展開也是鄒元標心學思想的主要内容之一。鄒元標從先立其大的思想出發，認爲形上與形下、道與器本是一，因此不能僅在口頭上説是一是二：『在人信得及，豈口頭説得是一是二，信得者説二是一，信不得者説一即二。』[一]信得者是從本體上説，信不得者是從形氣上説，二者，即是有對待、有執着，便不是真學問，『道無對待，有對待者，非道也。學無等待，有等待者，非學也』[二]。所以，鄒元標對是一是二問題的解決最終還是要從本體回到功夫上，只有在功夫上體悟知行合一，才是真知行合一。

其次，鄒元標在知行合一的功夫維度下，强調心、功夫與物事的合一。鄒元標曾在《偶占七首》中説：『初學苦支離，閑心自得師。

[一] 鄒元標：《問仁會録》，《南皋鄒先生會語合編》上卷，萬曆四十七年龍遇奇刻本。
[二] 鄒元標：《龍華密證》，《南皋鄒先生會語合編》上卷，萬曆四十七年龍遇奇刻本。

纖毫皆帝力，無語付天倪。』[一]其中表現出了功夫在心、物之間無入而不自得的境界。在鄒元標看來，實學功夫要從悟得心體做起，收拾頭顱，明心見性，才能事無不妥。否則，一味强求心與事合，便是多了個心，未免湊泊。在功夫與物事之間，鄒元標認爲功夫要在事事爲中展開，二者不可分離，故人倫日常皆是功夫之地，明心見性，修身成聖，齊家治國平天下皆可於此窺見一斑。

最後，在知行合一的維度下，鄒元標特别强調了修悟合一的功夫方法，其在《仁文會語》中提出了『先悟』『重修』『貴證』三種方法。『悟』是爲學的入門方法，鄒元標將悟分爲省悟、奮悟和透悟三種，省悟、奮悟所悟者，事爲而已，而透悟者何？吾之心也。悟得心體靈靈明明，則周流無滯，臻入自得之境。所以，在鄒元標看來，只有透悟才是聖道之正宗，是最切於己者。『修』是一種以身行之的實踐功夫，且具有現實的針對性。修的内涵包括敦倫、崇禮、慎辭受取三個方面。敦倫者，在於盡五倫而不使有失；崇禮者，在於循於禮而不使有越；慎辭受取即在於合於節。三者合一即是實有諸己的修身功夫，所修者，亦吾之心也。所以，從功夫目標來講，悟和修是一致的。悟者，即悟其所謂修者，修者，修其所謂悟者。而『證』並不是一個具體的功夫方法，它是悟和修之間的辯證邏輯所在，體現了二者的互證關係，保證所悟者與所修者的一致性。以悟證修，則修不會誤入歧途，以修證悟，則悟不會落入元虚之弊。所以，悟與修在根本上是内外合一、雙融的。因此，在鄒元標的功夫論體系中，悟和修都是實有的功夫，實有於本體，實有於修身，是實悟、實修的功夫，具有明顯的實學色彩和實踐價值。

可見，鄒元標的功夫中包含着實悟、實修與實證的辯證統一，實證作爲論證邏輯方法，體現了實悟與實修的互證關係，悟有修證，修有悟證，從而使得鄒元標的功夫論體系更爲嚴密和圓融，呈現出『實功』的實學特色。鄒元標的經世實學思想對於人的實踐活動具有多方面的指導意義，而其功夫則是貫穿此實踐活動的内在維度。

（三）實行

鄒元標的功夫論以心性合一爲本體基礎，以修悟合一爲外在功夫特徵，以知行合一爲内在功夫維度，將本體與功夫、心與意、心與物結合起來，建構起體用合一、内外合一，富有實學特色的功夫論體系，其『實』不僅表現爲明道方面的實有於心、修德方面的實有於身、

[一] 鄒元標：《偶占七首》，《願學集》卷一，萬曆四十七年龍遇奇、郭一鶚刻本。

通經方面的實有於學，還包括致用方面的實有於世。這四個方面圓融於同一個思想體系内，最大程度地體現了鄒元標心學思想中以仁爲核心的治理觀。鄒元標不僅是一個思想家，而且是一個行動的思想家，是心學知行合一思想的踐履者，他的仁治觀集中反映了其治理實踐中思想、方法與踐行的合一。

一方面鄒元標生活的明代晚期，社會風氣每況愈下。而鄒元標作爲一個秉承儒家内聖外王信仰與理想的士大夫，則奮起救世，力圖挽明朝於頽敗之勢。然而，由於時代的局限性，鄒元標可資以爲用的救世方法僅有講學覺民，並以爲政和奏疏格君以治世。鄒元標曾感嘆道：『天下治亂，係於人心；人心邪正，係於學術；法度風俗，刑清罰省，進賢退不肖，舍明學則其道無繇，無偏無黨，王道蕩蕩，無黨無偏，王道平平。』[一]鄒元標把學術提高到關係人心邪正、吏治清平、天下治亂的高度，這和王陽明有相同的認識，陽明也説：『今夫天下之不治，由於士風之衰薄；而士風之衰薄，由於學術之不明；學術之不明，由於無豪傑之士者爲之倡焉耳。』[二]可見，重視學術的教化作用已經成爲明代中後期士人的共識，體現出士大夫憂樂天下的責任感。故鄒元標創辦書院，講學不輟，並表彰『耿定向洞徹道源，力維名教，以成就人才，爲真修而質行式端乎表率，以康濟民生爲實學』[三]，『羅汝芳性資超脱，行誼高貞，惟道是慕，富貴功名不入其心，逢人必誨，貴賤賢否，不知其類』[四]。從中我們可以體會出鄒氏明道覺民的思想，正如祁承爜在《讀鄒南皋先生語義合編》中所説：『尹亦有言，予將以斯道覺斯民也，夫豈取諸尹之所有者而覺之哉！明之乎斯道實斯民之道，而尹之覺即民之覺也，然則先生之立教意在斯乎？讀是編者淂其覺民之意則可矣！』[五]可見，鄒元標講學覺民爲政思想中包含着道德責任和情懷。

另一方面，鄒元標汲汲於奏疏以格君心，希望能够鼓舞士心，以肅吏治。他在《直抒膚見疏》中以堯舜相期於君的理想相期於政，『夫談天下國家之事，在握其要，得其要，則衆政畢舉，不得其要，興一政釐一弊，亦徒竭精神已爾。史稱堯舜之知在急先務，矧知不若

[一] 鄒元標：《陳共學之原以定衆志疏》，《鄒忠介公奏疏》卷五，崇禎十四年林銓刻本。

[二] 王陽明：《送别省吾林都憲序》，《王陽明全集（新編本）》，吴光等編校，浙江古籍出版社二〇一二年版，第九二六頁。

[三] 鄒元標：《敬采輿論共推士品懇乞查明録用昭雪疏》，《鄒忠介公奏疏》卷一，崇禎十四年林銓刻本。

[四] 鄒元標：《敬采輿論共推士品懇乞查明録用昭雪疏》，《鄒忠介公奏疏》卷一，崇禎十四年林銓刻本。

[五] 祁承爜：《讀鄒南皋先生語義合編》，鄒元標：《南皋鄒先生語義合編》，萬曆四十七年龍遇奇刻本。

堯舜者，能役役爲天下用哉』[一]，並嚴厲指斥在危難之際，不願爲君盡忠、爲國出力的朝臣（侍郎熊廷弼、張鶴鳴、王在晉、祁伯裕），國家危難，召而不至，有負於君，『英雄之氣安在』？[二]『知父莫若子，知君莫若臣，臣子不知君父，是處光天化日之下，而不知天之高、日之朗，惡所稱子臣也者』[三]。同時，鄒元標還在奏疏中條陳了種種具體的治理方法，如在《敷陳吏治民瘼事宜疏》中，他列舉了『定等則』『洗佞習』『便升轉』『議久任』『重京考』『褒名德』『慎撫臣』『搜遺逸』『審邊臣』『恤遠臣』等吏治方法，並列舉了時民之苦，『秤頭之苦』『虛糧之苦』『谿票之苦』『積荒之苦』『科場之苦』『積疫之苦』『清軍之苦』『驛遞之苦』等。正如鄒元標在爲其弟子陳尚象等編寫的《萬曆貴州通志》所作的序中所説：『讀兹者，感甲兵强弱則思振，熟土苗馴梗則思馭，會錢穀多寡則思裕，稽盜賊出没則思靖，察士習民風淳漓則思正。』[四]在鄒元標的奏疏中，我們亦可以深切感受到他的這種振世善俗覺民的士人理想和責任意識。可見，在鄒元標奏疏格君以治世的思想中亦有者顯明的道德至上意識和憂世情懷。故李邦華在《鄒先生語義合編序》中表彰鄒元標曰：『先生振世覺民之心之無窮也。』[五]此言可謂恰切。

總之，鄒元標的經世思想在諸多方面繼承和發展了陽明的心學實學思想，是對明末心學末流學風的反對，其實心本體論、實功功夫論、實行仁治觀都體現出踏實的實踐作風。

陸永勝

二〇二三年二月一日於南京

[一] 鄒元標：《直抒膚見疏》，《鄒忠介公奏疏》卷一，崇禎十四年林銓刻本。

[二] 原文见鄒元標：《乞嚴明振作以救臨危疏》，《鄒忠介公奏疏》卷三，崇禎十四年林銓刻本。

[三] 鄒元標：《救郭中翰疏》，《鄒忠介公奏疏》卷五，崇禎十四年林銓刻本。

[四] 鄒元標：《貴州萬曆通志序》，郭子章：《藝文志上》，《黔記》卷十四，萬曆三十六年刻本。

[五] 李邦華：《鄒先生語義合編序》，鄒元標：《南皋鄒先生語義合編》，萬曆四十七年龍遇奇刻本。

《鄒忠介公奏疏》序

萬曆五年，鄒元標舉進士觀政刑部，至以左都御史辭官歸田，歷三朝五十餘年，期間起起落落，立於朝則數年矣。《鄒忠介公奏疏》即是此間奏議的代表，最初由吳光卿刻於閩，藏本於粵。惜粵本不能北傳，故閩士林銓手抄之，歷經十餘年周折，於明崇禎十四年刻於吳門。奏疏所論皆『軍國之務，忠邪之閑，生民疾苦，人才進退』[一]。林林總總，不外鄒氏所見所聞，所思所慮，所言所告君上者。究其微言大義，不外二者：一曰『道』，『公雖歿，而道益彰，是編安可少哉』[二]！一曰『用』，『公之章奏，謨訓之亞也。格人元龜，非一世之用』[三]。『道』『用』結合，德治也。

道者，德也，『然則後公而行公奏疏者，其所關人心世道，視兩忠介又何所多讓也』[四]。用者，治也，『夫談天下國家之事在握其要，得其要則衆政畢舉，不得其要，興一政厘一弊，亦徒竭精神已爾。史稱堯舜之知在急先務矧知，不若堯舜者能役役爲天下用哉』[五]，德治之要在於君，『臣聞天地大德曰生，仰體天地生物之心以爲心者，帝王之所以仁覆天下也。仰體人君愛民之心以及萬民者，臣子之所以引君當道也。自古堯舜禹湯文武之爲明君，皋夔稷契之爲良佐，曷嘗不以澤被生民爲己任哉』[六]。因此，鄒元標十分重視奏疏的價值，『余暇日間觀古人章疏，率直而不遽，巽而不隱，鑿鑿乎有體要也已。……同志欲格君而明道，此其近體矣』[七]。由此，《奏疏》成爲我們管窺鄒氏德治思想的路徑。

[一] 林銓：《刻鄒忠介公奏議序》，鄒元標：《鄒忠介公奏疏》，崇禎十四年林銓刻本。
[二] 陳子龍：《鄒忠介公奏議序》，鄒元標：《鄒忠介公奏疏》，崇禎十四年林銓刻本。
[三] 陳子龍：《鄒忠介公奏議序》，鄒元標：《鄒忠介公奏疏》，崇禎十四年林銓刻本。
[四] 馮元飆：《敘》，鄒元標：《鄒忠介公奏疏》，崇禎十四年林銓刻本。
[五] 鄒元標：《直抒膚見疏》，《鄒忠介公奏疏》卷一，崇禎十四年林銓刻本。
[六] 鄒元標：《推廣德意以澤蒼生疏》，《鄒忠介公奏疏》卷一，崇禎十四年林銓刻本。
[七] 鄒元標：《章疏補遺・自序》，《藝文志上》，《黔記》卷十四，萬曆三十六年刻本。

鄒元標的德治思想主要體現在四個方面：首先，格君重德以治世。主要從三個方面展開：第一，爲君寡欲以爲治。鄒元標認爲人君憑以宰制萬物者，心也。心是天子以至庶人共具的本體，其至大至靈，然而容易被人欲所遮蔽。人有欲，則『天理日微，聖學從茲荒矣』[一]。所以鄒元標勸誡人君要遵循孟子的『寡欲』、周敦頤的『無欲』思想，行之於身，養身養德。人能寡欲則『精自充，心自廣，體自胖』[二]。如此，才能發明心體，以心爲治。第二，爲君重孝以爲治。在鄒元標看來，孝悌慈是人的自然天性，是不學而知，不學而能的，行孝悌慈也就是順心而爲，不需自私用智的。所以，行孝悌慈在根本上是聖人、君王、平民的本然能力，聖人以之治天下，君王以之治國家，平民以之齊家。故在此意義上也可以説，孝悌慈維護的不僅是家庭倫理綱常，也同樣維護了政治倫理綱常。因此，齊家治國平天下皆在於孝悌慈。故可知《論輔臣回籍守制疏》名爲劾居正，實爲格君德也。[三]第三，爲君節儉以爲治。鄒元標在奏疏中勸誡皇帝節儉超出了一般的道德意義層面，而具有了政治意義。萬曆十一年，慈寧宮走水，鄒元標從因果報應的視角將之視爲上天對朝政荒蕪的不滿，因此，上疏勸誡皇帝修德節儉，『能修德，則反災爲祥，不修德，則禍立至而不可解』[四]。鄒元標將修德、朝政清明和天之報應聯繫起來，無非是要强調君德對於天下治理的重要性。也正是在此意義上，他將儉德提高到了經國之急務的高度。『夫儉樸之風，一科勝一科，可以宜民，可以宜人。』[五]

其次，疏諫人君要大興教化，推行仁治。這同樣也是鄒氏個人仁治觀的體現。鄒元標從氣的流行化通和天人感應的角度認爲天下之治和民心息息相關：『臣聞民含陰陽之氣常與天地相爲流通，民心和順則天地之和順應之，民心乖戾則天地之乖戾亦應之，言民能以氣上干故也。』[六]民心和順則天地和順，民心乖戾則天地乖戾，因此，天下的治理就要注重民心教化。在鄒氏看來，國家治理當以教化爲大務，

[一] 鄒元標：《直抒膚見疏》，《鄒忠介公奏疏》卷一，崇禎十四年林銓刻本。
[二] 鄒元標：《去國陳悃疏》，《鄒忠介公奏疏》卷五，崇禎十四年林銓刻本。
[三] 參見鄒元標：《論輔臣回籍守制疏》，《鄒忠介公奏疏》卷一，崇禎十四年林銓刻本。
[四] 鄒元標：《嚴加修省以答天心疏》，《鄒忠介公奏疏》卷一，崇禎十四年林銓刻本。
[五] 鄒元標：《陳膚見以挽頹波疏》，《鄒忠介公奏疏》卷四，崇禎十四年林銓刻本。
[六] 鄒元標：《嚴加修省以答天心疏》，《鄒忠介公奏疏》卷一，崇禎十四年林銓刻本。

通過教化，移風易俗，形成相互敬讓、崇尚仁厚的風俗。百姓耳染目濡自能發明良知，官吏循循以漸自能形成良好的政風，從而有利於社會治理。而且，鄒氏進一步認爲，推行教化意義深遠，可謂功在當代，利在千秋，有利於國家的長治久安。『故在昔仁賢得一郡邑，漸民以仁，摩民以義，故其人雖往而流風遺俗有存者，無論程朱之於扶溝南康，即文翁在西蜀亦可睹記已。』[一]當然，教化的内容即是仁、義，這是鄒氏一貫的立場。

再次，重視官吏的修身修德與政治、社會治理的關係也是鄒元標德治思想之一面，不過，這一理想的完成仍然要寄託於人君。鄒元標在奏疏中認爲官吏進行治理當以自愛其身爲前提：『臣愚謂今日人臣當自愛其身，自愛其身而後能以天下之身爲身。以天下身爲身，則宗社安危、萬方愁苦可驚可懼可哀可憐，方被髮纓冠不暇，寧暇爲人言所惑哉？』[二]同時，鄒元標認爲作爲國之重臣的撫臣當以正身爲要，只有這樣才能以身率屬，做好表率，促使吏治的清明：『撫臣須存大臣之體，思撫摩之義，以安養休息爲主，以愛民節用爲本，以正身率屬爲先。……撫臣者，百執事之表也，表端則影正，源潔則流清，百執事雖欲不兢兢奉法不可得也。』[三]鄒元標的德治思想具有很强的包容力，他所關注者在於儒家理想的實現，這是其崇高性的一面，但他把這種理想寄託於君王和官吏則是其時代選擇的無奈和局限性。

第四，鄒元標從修德與治理的關係出發認爲選用賢才和整肅吏風應以德爲標準，這樣才有利於國家的治理，故其建議朝廷在選用人才上要慎重，要突出德。切不可『用深刻之吏阻豪傑之才……即使有利社稷，猶大壞綱常也』[四]，而要『求忠臣於孝子之門，遺其親而忠其君者未之有也』[五]。鄒元標在選用人才上對德的强調，正是其德治思想的内涵所期許的。

總之，鄒元標生活的明代晚期，社會狀況每況愈下，『今天下如人，一身内如心腹，外如四肢，精氣消耗殆盡，非倍珍嗇鮮克攸濟先

[一] 鄒元標：《推廣德意以澤蒼生疏》，《鄒忠介公奏疏》卷一，崇禎十四年林銓刻本。
[二] 鄒元標：《敬陳愚悃疏》，《鄒忠介公奏疏》卷三，崇禎十四年林銓刻本。
[三] 鄒元標：《直抒膚見疏》，《鄒忠介公奏疏》卷一，崇禎十四年林銓刻本。
[四] 鄒元標：《論輔臣回籍守制疏》，《鄒忠介公奏疏》卷一，崇禎十四年林銓刻本。
[五] 鄒元標：《論輔臣回籍守制疏》，《鄒忠介公奏疏》卷一，崇禎十四年林銓刻本。

是，世務爲操切争威嚴以相高，閭里蕭條無復太和景」[一]。鄒元標作爲秉承儒家内聖外王信仰與理想的士大夫階層的一員，奮起救世，力圖挽明朝於頹敗之勢。「公之封事具在，方其爲諫官吏部，則以持大體、崇吏治、寬民力爲本。至於熹宗之時，天下多事，公爲大臣，則勸以勤學遠佞，拔不羈之才，收度外之士。若其推賢讓能，自少至老，孜孜不倦。蓋忠愛之至，因時所急，以期有益於國。此豈迂遠難行翹君以自爲名者哉？」[二]鄒元標甚至還在奏疏中條陳了種種具體的治理方法，如在《敷陳吏治民瘼事宜疏》中，他列舉了「定等則」「洗佞習」「便升轉」「議久任」「重京考」「褒名德」「慎撫臣」「搜遺逸」「審邊臣」「恤遠臣」等吏治方法，並列舉了時民之苦，有「秤頭之苦」「虛糧之苦」「谿票之苦」「積荒之苦」「科場之苦」「積疫之苦」「清軍之苦」「驛遞之苦」等。[三]鄒元標的德治思想是明後期社會、政治、學術、思想語境中的産物，具有現實的針對性和時代價值。雖然由於時代的局限性，鄒元標的德治思想有着鮮明的道德至上意識，然於時人，讀其奏疏，仍不免歡欣鼓舞，「讀公之書，宜有以見公之行事，將聞風而興者，其在兹日矣。」[四]嗟夫，鄒氏之奏疏，於今而言，其是非對錯，讀者自察之。

陸永勝

二〇二三年六月一日於南京

[一] 鄒元標：《直抒膚見疏》，《鄒忠介公奏疏》卷一，崇禎十四年林銓刻本。

[二] 陳子龍：《鄒忠介公奏議序》，《鄒忠介公奏疏》，崇禎十四年林銓刻本。

[三] 參見鄒元標：《敷陳吏治民瘼事宜疏》，《鄒忠介公奏疏》卷二，崇禎十四年林銓刻本。

[四] 吴昌時：《序》，鄒元標：《鄒忠介公奏疏》，崇禎十四年林銓刻本。

目録

林六長先生評閱

鄒忠介公奏疏

本衙藏版翻刻必究

序

故御史大夫謚忠介吉水鄒公舉進士即抗疏論江陵奪情拜杖闕下投荒九死兒童婦女皆知其姓名余覊貫時去萬曆丁丑才十餘年王母卞淑人道公事以訓余咨嗟嘆息如千

古以上人也天啓壬戌始得謁公於朝一見如平生驩公初入朝朝右望見公衣冠以爲有異門墻高峻

如泰山喬岳之不可仰而秋霜烈日之不可近公顧頹然藹然威儀易直語言坦率無人而不得至其前

也嘗過余邸舍抵掌譚笑欠申于坐隅之榻語方更端未悉摩腰坦腹鼾鼾孰睡矣其踈節直腸胷中無

事大都若此然其於軍國大故朝廷大議人才摧折忠邪消長之故一語及之意氣坌涌目光注射若矢

之激弦星之奔彴曾不可
以禁禦也每有見聞輙艸
疏入告伸紙屬筆率其意
所欲言其所以告君父者

一如其告賓朋告妻子諷
言長語間亦闌及意不假
膏飾文不加點竄久之或
弁其削藁忘之要亦其天

性使然非有意學古人以
詭詞焚草爲能事也公歿
閩人林銓字六長手鈔得
其奏議五卷每出游弁其

所作詩卷貯篋衍中崇禎
乙亥銓客潛山山谷寺流
賊卒至銓部署寺僧據山
半以守數日食盡守者亡

去銓盡棄其資斧取忠介奏議及其詩卷縛兩肘右手提石左手持白挺背劍且齕且走踉蹌百餘里踰兩日還寺饑餓無所得食拍手大笑曰吾縱餓死幸以忠介免矣又七年自越游吳典衣賣文少有剩餘

盡付梓人鏤版以傳于世而屬余序之自江陵亾後忠介見忌時相不得一日容于朝晚登三事爲奄黨論逐以死身死之後閩海之布衣初無造門之游半面之雅乃獲其遺文斷簡愛惜保護以其身殉之于

戎馬擊撞欻生呼吸之際
是可嘆也忠臣直士名節
道義天地間之元氣也讒
夫小人視之爲骨仇血怨

必欲斬艾之澌滅之俾無
遺種而後已嗚呼天地之
元氣終不可滅亡而讒夫
小人磨牙鑿齒者相仍而

未艾如銓之爲其亦斯世
所不可少也與
崇禎辛巳陽月十二日虞
山錢謙益謹序

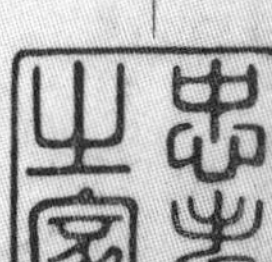

叙

鄒忠介公奏疏五卷蓋公以講學去位時手叙以貽粤人吴光卿者時光卿以前孝廉為柳城令去中朝

萬里也公殁而光卿稍遷入閩梓於閩已東版之海溺於海藏本於粤粤之本不能踰嶺而北則余社友閩人林布衣六長攜諸篋

中將梓之乙亥道經潛山遇流賊倥偬迫急六長乃盡棄其行李不顧獨背此本冒白刃奪重圍以出典衣質硯梓於吴門是蓋六

長十餘年來旅泊羇棲流離困阨與夫萬死一生愛護之志不衰之所致也可永傳而行之於世矣嗟夫世所傳陸敬輿奏議深切

事情史稱其皆本仁義道
性命顧以一往孤誠爲世
讒短貶逐當時懼謗不敢
著書闔戶不敢見人面而
後世至進之經筵列於日

講其生氣不死有如此鄒
公故眎敬與無少遜而性
命之學不曾更出其上其
言又往〻爲人心世道大
是非大利害所關卓然與

伊訓說命相表裏乃當
國家隆盛時戴冠紆紱高
議蹻陛之間載筆搢笏者
覆淵轂下而公所手叙屬
意者攷得一阨佚世途嶺

海萬里之縣令其人與書
又崎嶇飄零僅乃得存今
之走數千里歷十餘年卒
能竭力表彰之者又傫然
一孤窮布衣則又何也豈

本仁義道性命故是髙議
者所諱耶抑此一令長一
布衣皆未諳於世故時宜
而敢爲不諱事耶余異時
偕同年梁兆瑚謁公燕邸

公出海忠介集見授屬余
較刻已而公易名之典與
海公後先合符然則後公
而行公奏疏者其所關人
心世道視两忠介又何所

多讓也
崇禎辛巳春暮慈谿後學
馮元飈沐手謹題

序

鄒忠介公當
神廟丁丑上疏爭江陵奪情杖
闕下瀕死震動海內其後蒙
恩賜環再仕再止

熹廟登極始起少司寇遷御史大
夫長臺事而卒放廢斥逐不容
於閹逆死
今天子戊辰太嘗上公終始諫諍
之事於是易公名謚曰忠介而

忠介之遺書始見於天下今所
刻奏疏五卷是也公天性慷慨
毅然有難犯之色至其議論則
從容以和粹然一本於忠孝晚
登大用人疑其爲後凋之松柏

而公則爲駘蕩之春風也忠臣
烈士出於年少銳盛之時或不
免爲意氣激發然其所爭者第
不過繫於國勢利害而未必及
於臣子大經惟公事君之學根

於正誠外無炫飾之名內修躬
行之實故不爲奮驚踔絕而一
行之出天下之士聞其言而慕
久於其名而服以傳益公之不
可及而天下之誦述者遠也公

江西吉水人旣以忠節進用能
因其所學爲後進漸摩講說後
公之歿十餘年而武陵以母憂
奪情居相位一時上疏爭之者
翰林修撰劉公同升編修趙公

士春劉公之鄉人趙之祖文毅
先忠介上疏攻江陵與公同諫
諍起事公爲萬曆丁丑進士而
劉與趙以
今上丁丑一甲第一第三人相繼

以忠節顯歲一甲子而周倘所
云君子之澤五世而斬者茲未
及五世者歟公賜環之後累上
書言朝廷大事未嘗不以進退
人才爲急而天下殆於久安

人主坐閼宮或不及一一報下
然其忠孝之性貫格於金石至
熹廟卽祚而公已老復丁陽九之
會罷廢在諸賢人君子之前夫
誦其詩讀其書尚想像彷彿古

人之所爲行事而況乎近公之
世而遺言猶在者乎時晚不及
見公而閩中社友林銓刻公奏
疏過余南湖較讐卒業因得以
盡讀之竊慨然有意乎嚮往銓

葢布衣也從兵戈辛苦萬死一
生中護公之書以與傳於後其
奇偉絕俗使當公杖時必能爲
上書請救不異古丈夫所爲訟
寃伏闕者此足以見公之興起

斯人而大節之不可奪者歷百
世如一日也
天子仁聖賢人君子方充滿布列
於朝廷讀公之書宜有以見公
之行事將聞風而興者其在茲

日矣

松陵後學吳昌時謹撰

鄒忠介公奏疏序

憶幼時侍先祖尚寶玄臺公竊見吉水鄒南皐先生所寄手書殘扇字體欹勁頗類鍾與繇無一語效世俗寒溫直落〻寫其見道格言與憂時讜議耳尚寶

歿十餘年先生出山爲大僚卒中時忌歸旋經逆閹褫奪至

今上初乃復職謚忠介茲刻鄒忠介公奏疏則閩中林六長氏爲評較以公之天下者也嗟夫士當年少氣盛時排闥慷慨痛論

當世得失易爲耳及再起冷局
或懸美秩致之輒爲所動已而
田間日久驟晋九列斯時一身
名位無可復加而子孫世廕之
戀ㄑ又填胸起矣忠介公三黜
不懼百鍊彌剛其通籍而即上

疏也與尚寶公先後同上疏而
爲江陵首輔糾奪情也與吾鄉
吳復菴趙定宇兩宗伯同起爲
吏部而侃侃爭職掌也與吾鄉
顧涇陽太甞同退而閉門讀易
糾仝人課性命也又與涇陽及

先祖同及再出爲總憲而預折
逆閹之萌力扶善類之脈也又
與吾鄉高景逸司馬同是何公
生於江右數千里之外而虎嘯
風生蟲鳴螽躍輒與吾吳中群
賢有不綸而孚之感也且夫人

子之于親與人臣之于君名義
並重無可遷就緣飾以狥吾一
人之私而拒人于頰舌江陵之
輔幼主也不可謂無功而假兩
宮之牽留恐墨縗而秉軸蠅頭
舐血氣已不揚事何繇辦況其

薮賢妄殺豺聲已振公之所爭
豈徒在跬步之伸詘端欲以李
夷簡文彥博望江陵耳江陵之
目尚瞢而公之首已甘碎矣天
眷名賢頻蟄頻奮内絕輿援外
斷黨附初而江陵以專横爲箝

脅既而他輔以剏落爲彌縫馴
致
光
熹間更以清明伏晦蝕公三立其
庭局三變而公自如至讀昭昭
靈靈青山啼鳥一疏宋每爲之

掩卷徬徨所謂薑桂之性至老
愈辣且深識遠計有吾鄉與應
山桐城數君子所未逮者故予
謂公洵昭代之第一完人也先
後有兩忠介一爲瓊崖之海一
爲公海公自部曹一疏繫獄後

甫脫棘圜即晉棘座巖〻之氣
不變而宇内望之自目懾氣奪
惟公不然望傾蠻貊而位仍下
僚乍歷銓諫而旋淪冗廢譬之
江河其噴薄奔赴同而瞿唐直
下之勢與九曲之混茫殊譬之

松柏其鐵榦霜皮同而參天拂雲之色與磊砢有節目殊其同者性也其同而未始不殊者遇也海公爲先尚寶師公爲友風流所被穆乎遐思六長氏以詩名家顧其標尚如此杜陵忠孝之志彭澤寒泉之痛端於表揚先喆中可想忠介疏艸蔽天壤不磨即六長與之俱永矣

崇禎辛巳九日武進通家後學薛寀序

鄒忠介公奏議序

吉水鄒忠介公奏議海内率有蔵本閩士林君銓袠而梓之凡若干卷子龍讀而嘆曰大賢之生無古今其用舍殊者時為之也在昔臯稷伊傅之臣人主用之久於其位遠者百年近者數十年道行於當時澤流於生民至其君臣相與告誡之言則史臣録之以示來世今之謨訓是也警懼戒勉之辭磨切其君者至深至切自非聖哲之主孰能

廓然無我尊信其道而不使小
人與其間哉後世之君其好賢
樂善非不如古也惟惡聞己過
而安於晚近惡聞己過則苦君
子之嚴正以為翹其失安於晚
近則以君子之論為希濶而難

行況又有小人者從而媒孽之
君子嘗進用矣覺其難合則去
之已而見思亦嘗再用矣若回
彼困衡之久或能姑從我亦云
可使乎既至而如故則終去之
是以三代而後君子每不獲用

即偶用而不獲久夫玉之貴者
温而貞也鳳之瑞者文而威也
使玉必去其貞而登席鳳必減
其威而巢閣則何異於碔砆山
雞哉而世每不悟可慨也已公
自結髮登

朝即劾江陵公起復非禮杖戍
黔中越五年
顯
皇帝親政錄言者拜公為諫官
居一歲復以言事罷當是時吴
門婁江四明山陰相繼執政公
嘗一起為吏部郎亦隨以遷去

自是棲遲林皐者三十年
貞皇帝即位詔起公田間而
愍皇帝承先志拜公為大理卿為
少司寇以至御史大夫大用矣
然亦竟不久其位以去夫公歷
三朝垂五十載始終一節天下

觀其進退以為治亂雖位登九
列而計其前後立
朝不滿數載何用之之難而舍
之之易也夫以公之純忠一德
道術通明使人主乘壯盛時置
於寅亮之地責以輔弼之任則

必能彙升衆正咸熙庶績以尊
本朝萬曆之末可無嚚凌靡弛
之患及公之既老使能置之三
公論道之位皤皤黃髮日與人
主起居則天啓之際奸人近倖
尚有藜藿不采之忌而不敢亂

政而乃前厄於絳灌後阻於弘
石至不能一日安於交戟之下
嗟乎難進而易退者君子之節
也文與而實不與者狐疑之情
也陽推而陰排者讒間之口也
夫以謿詼之說中不固之心而

以撼欲去之士此何異秋颷之
於隕籜哉易曰比之匪人不利
君子貞此如桑中之疾栢舟也
彼其為説曰是迂遠不近情非
今可用夫夫也又私釣名而歸
過於上夫迂遠者人主所不急

也歸過於上其所最忌也是故
浸潤易行今公之封事具在方
其為諫官吏部則以持大體崇
吏治寛民力為本至於
憙宗之時天下多事公為大臣則
勸以勤學遠佞拔不羈之才收

度外之士若其推賢讓能自少
至老孜孜不倦蓋忠愛之至因
時所急以期有益於國此豈迂
遠難行翹君以自為名者哉夫
公之章奏謨訓之亞也格人元
龜非一世之用

神宗
憙宗知公不可謂不深而小人害
之未竟其用
今
天子既錫公贈謚大顯崇奬使
搜故府之牘備乙夜之覽庶幾
用公之遺言而求如公之人則

公雖歿而道益彰是編安可少
哉
華亭後學陳子龍撰

陳序六

題蹟草
余為杜歸而以挽計事真情
也乃得以學故得先歸吾心暢
然涂諸友人過而曰子兀上寥
庵久出而猶擒於世得毋猶寢
緝景欲弔怯世以應拄筒中
數草付之寥觀張曰妙是之
青山世美与子攜手同歸可

自序一

矣毋望同志遂諱言學乎

壬戌季冬鄒元標題

刻鄒忠介公奏議序

此吉水鄒南皐先生奏議也先生舉進士即抗疏論江陵奪情廷杖瀕死遠戍夜郎直聲震天下無問賢愚皆仰望丰采願爲執鞭銓生也晚僻處海陬稍知讀

書識字私心嚮往每見先生手筆寸箋片楮必焚香莊誦如對嚴師秖以長貧善病未皇千里負笈一及其門深用爲憾先生浮沉郎署十六年所退居林下又二十年洎

熹廟登極始奉

光廟遺旨簡用繇大理卿晉少司寇至御史大夫卒為閹黨不容擯斥以死

今上戊辰脩易名之典謚曰忠介道其大明矣歲在壬申銓遊嶺

表訪舊郡丞吳光卿杯酒勞苦示先生疏草數帙因留匝月手錄以歸秘巾笥中匪其人不輕與見乙亥客潛山流寇倅至盡棄行李不顧獨背此稿以奪重圍雖患難流離晦冥風雨與夫

兵戈擾攘呼吸死生不忘佩服乃知先生殫心獻替根本篤誠其於軍國之務忠邪之關生民疾苦人才進退慮無不周言無不盡使一一用之未有不登上理者惜乎未竟厥施也唯是逆

璫煽虐世道日壞人心日死忠孝名節幾付之無何有之鄉間有正士挺持存斯一綫而僉壬讒佞又從而媒孽之必欲其澌滅而後已嗟乎天下事寧可問哉銓盱衡今昔益慨于東分此

稿爲五卷取其有關係處反覆
詳繹評隲醒觀復搜先生同朝
諸君子之能以言諍者逐疏叅
附典衣傾橐繡梓以傳蓋實見
先生之言有謨訓遺意其人與
事俱爲

昭代第一亦欲有志之士想其
流風餘韵人人不負所學以報
君父庶可扶世道於不壞挽人
心於既死耳先生入仕五十餘
季計其立朝未滿數載官倏起
而倏罷道愈厲而愈尊皆馴赤

子之眞以溯孔孟之脉誠所謂
名儒大人也生平著作行世已
多奏疏固其一斑而告君之體
經世之猷具在賈太傅陸宣公
而後先生可以鼎立矣銓之閒
關僕僕爲刻是編亦如負笈及

門親侍坐隅與商憂危至計者
安得不綴一言以質吾黨哉
三山後學林銓敬序於吳
門之讀書處

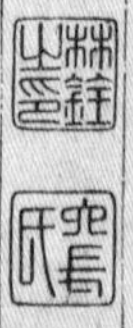

叅較姓氏

潮陽吳仕訓

吳興周仲璉

慈谿馮元仲

海上何剛

嘉興沈嗣選

候官陳元綸

常熟孫永祚

四明萬泰

淮陰陳台孫

嘉興陳恂

福安劉中藻

慈谿馮元颺

長洲李楷

閩中陳肇曾

古吳葉襄

嘉興徐肇森

海昌查繼佐

長洲錢位坤

錢塘姚奇胤

慈谿馮元飂

候官張利民

虞山瞿玄錫

嘉興陳恪

武水錢栴

南昌陳弘緒

西湖吳山濤

虞山孫　曾

慈谿馮京第

秀水鍾欽立

嘉興黃濤

常熟錢孫愛

仁和卓大丙

候官林元震

鄒忠介公奏疏目錄

卷一

卷二

卷三

鄒忠介公奏疏目錄終

鄒忠介公奏疏卷之一

吉水 鄒元標 著
慈谿 馮元飈
長洲 徐汧 仝較
虞山 趙士春
清江 楊廷麟
候官 林銓 評閱

論輔臣回籍守制疏 刑部觀政進士

臣于九月二十六日、聞輔臣張居正父喪、三

疏乞恩守制、
皇上三留之、爲居正計者、必再疏懇之
皇上、皇上不聽、計哀欸求之而已、何求歸之情未切、暫留之疏遽上、臣讀此疏、涕泗交流、臣一介草茅、跧伏圭竇、恨不躬逢聖明、沐浴膏澤、今幸蒙收錄、入仕未幾、目此大故、嗟嗟臣也生何不辰、即欲竭盡血誠、冒干天聽、自惟涉世未久、諳練未深、不敢呶呶自取越職、蓋曩嘗言責者、有言也、今當言責者、不惟不言、

且乞留矣。臣復默而不言。三綱淪。九法斁。日被冠裳。無異禽獸。敢置身斧鉞。披瀝爲
皇上陳之。臣聞天生民不能自治也。立君治之。君不能獨治也。爲相佐之。相也者。一人之身。而社稷綱常所攸賴者也。必置身於綱常大道之中。而後朝廷服。萬民懷。一有不善。議其後者。如蝟毛而起。孔子曰、苟正其身矣、於從政乎何有、不能正其身、如正人何、此之謂也、今觀居正之於父也。憑棺淚奠未盡送終之

禮在京守制。尚貪相位之尊。果能正身而正人耶。不能正身而欲正人。爲居正計者不可一日而不去。
皇上爲居正計者不可一日而留矣。居正不去。天下人所共知也。
皇上留之者。豈以其有利社稷耶。然不知居正之在位也。才雖可爲學術則偏。志雖欲爲自用太甚。諸所設施。乖張者難以疏舉。姑舉其最著者言之、一曰進賢未廣、詩曰、菁菁者莪、

四語爲江陵定評

樂育材也、故聖世士髦美而官材茂、今則不然、先朝各郡邑、進學數十人、居正任事、限郡邑不過十六七人、是阻進賢之路也、無論他郡邑、臣鄉先朝每科聯登科甲者數十人、今限有定數、是郡邑有可以登科甲者、不可以遊黌序矣、夫豪傑之徒、非有衣冠維持之、不羈之才、必有所逞、迄今愁號之聲、遍于江南、此其遺禍何如也。二曰決囚大濫、書曰與其殺不辜、寧失不經、故好生之德、洽于民心、今

則不然、先時決囚、初無定額、居正任事、限各省決囚有定數、以致首鼠私竄者、欲盈其數以免罰、有濫及無辜者矣、夫決之先歲者、足以示懲來歲、其數無異、則雖有自新者、其道無繇也。三曰言路未通、古先盛世、艸茅賤士、農工商賈、皆得竭智盡力、居正任事、大臣持祿不敢言、小臣畏罪不敢言、誠有之矣、折繡檻於彤廷、投忠肝於玉陛者、未之見也、間有憂關國計、慮切民瘼者、欲抵掌而談當世、然

不先稟命。有今日陳之。而明日罹罪者矣。豈
盛世所宜有哉。四曰、民隱未周、臣先歲北上、
覩黃河泛濫漂沒。爲魚者不知凡幾。僅有存
者。架蒿爲巢。啜水爲餐。目及至此。心慘魂飛。
夫被水潦如此被旱魃爲災可知矣黃河如
此環四境以外可知矣有司不以奏聞。恐干
大臣德政。以致展轉溝壑。提妻挈子。散之四
方者衆矣。
皇上深居九重漠然不知此居正之罪也其他
鄒忠介公奏疏　卷一　四
用深刻之吏阻豪傑之才又不可枚數者矣。
即使有利社稷。猶大壞綱常也。况無利社稷
若此而可留之耶抑豈以居正既去。天下事
難以支耶。不知居正在位之時。我國家法度。
維繫民心者久。我
祖宗德澤。聯屬民心者深。况在事諸臣。濟濟後
先。非居正力所能獨運也。居正去位之後。其
德澤法度如故也。天下人豈盡出其下哉。豈
盡無所補哉。臣伏讀

讜言蹇諤
不慮攖鱗

皇上諭曰、朕學尚未成、志尚未定、先生既去、前
功盡棄、
陛下言及至此、宗社無疆之福也、雖然。學固未
成矣。彌成帝學者未可謂在廷諸臣無人也
志固未定矣輔翼聖志者未可謂在廷諸臣
無人也居正丁憂。可挽留之居正脫有不測
陛下之學將終不成
陛下之志將終不定耶此臣所未解也
皇上以英明之資。御曆五稔。人皆曰將興堯舜
鄒忠介公奏疏　卷一　五
之道。三王之功矣。以居正而在京守制。天下
後世。謂
陛下何如主。綱常自此而壞。中國自此而衰。人
心自此而弛居正一人不足惜後世有攬權
戀位者輙援居正故事甚至竊竊神器貽禍
深遠難以盡言者矣昔古之碩輔元宰。措則
正。施則行。建光明俊偉之業者。無他上下交
相信也今居正冒喪而議國事也。天下之人。
皆曰居正不孝而固寵也。居正不孝而縻爵

見真慮遠

普屬

祿也。居正不孝而擅權也。雖有設施。誰則信
之。居正之心、必曰、天下之人、議我不奔而固
寵也、議我不孝而縻爵祿也、議我不孝而擅
權也、下稍有不從、禍流搢紳、天下以是疑居
正。居正以是疑天下。上下交相疑而禍不日
深者。未之有也。甚哉居正不可留此位。彰彰
明矣。臣又揣居正之心矣、臣觀居正首疏云、
有非常之人、然後辦非常之事、非常之事、非
常人所能辦也、是其心葢曰、起復非常事也、

吾非常人也、吾而當此、誰則議之、自臣觀之、
人有五常、仁義禮智信是也、力此五者、斯謂
之非常之人、今有人于此、親生而不顧、死而
不葬、指而名之曰、非常人也、然人不曰殘忍。
則曰薄行。不曰禽彘。則曰喪心。可謂非常人。
乎。且其疏又曰、不顧旁人之謗議、退鄙匹夫
之小節、非病狂喪心。有此言哉。一家非之不
顧。一國非之不顧。天下非之不顧、謂理之所
在。則顧理而不顧衆論也。三年之喪。無貴賤

一也。旁人謗議是乎非乎尾生之信。孝巳之
行陳仲子之廉。小節也。三年之喪。無貴賤一
也果可謂小節乎又曰、道路無不爲臣酸鼻
此其欺罔、猶不容言、居正未聞喪之先。天下
逆覩其奸。旣留京之後。天下深恨其非。臣登
刑堂、遇各司曹出刑曹、接諸冠裳、各垂首喪
氣。一目三嘆。切齒含憤。有不忍言。酸鼻者誰
乎。
皇上大婚、固大禮也、居正以被經罪人、欲禳乎

以忠孝責
執政我朝
代有其人
弟進士建
言如公者
少矣

其間、何心哉、葢欲誇示來世、以居成功耳、宋
臣文天祥、當南渡之日、猶送親歸塟、當此淸
朝。豈南渡之時耶。先朝李賢奪情起復、羅倫
力排斥之、居正之不歸。葢無情可奪。無復可
起。又非賢之儔矣。大臣聞喪而不去。小臣必
有匿喪而不報。固所必致也。嗚呼、父子天性、
其恩罔極、事父如此、事
皇上可知矣、先正曰、求忠臣於孝子之門、遺其
親而忠其君者、未之有也、抑臣猶有深恨焉、

如見肺肝

如士楚者尚有其人

國家以言路付之臺省、事關綱常。悉陳無隱。默而不言。猶謂曠職。臣覩湖廣道監察御史曾士楚一本、爲保留輔臣事。臣不勝驚愕、謂公論倒弛一至于此、徐察之、各道御史有毅然中止者、士楚悍然不顧、私自上請、此其心豈眞爲社稷計哉。蓋曰、輔臣本欲留也、不首留之。其功不高。身首留之。輔臣德我。德我。不數年公卿立至矣。此士楚心也。夫今日上疏留輔臣者。曾士楚也。臺臣倡之。明日上疏留

輔臣者。陳三謨也。省臣效之。朝廷爲首善之地。臺省係公論之所。論及至此。可勝言哉。所幸者。公卿大臣。挺然中立。未有留疏。然因此而遷去。又不常矣。遡其原。士楚先之。士楚有三年之愛於其父母乎。臣忠悃如此。臣言可採、亟斥輔臣。速歸守制。俟制滿之日。另行起用、則綱常正而人心服、朝廷尊而天變消。萬世仰

聖天子作爲、出尋常萬萬矣、居正學尚刑名、見

錚然有聲

臣此疏、禍臣必深、臣萬萬必矣、蓋非嚴刑督責、以箝天下之口、則攻之者愈多也。噫。臣非爲妾婦自愛其生乎。堂堂丈夫。不忍爲妾婦也。碎首玉階。奚憾哉。

萬曆五年十月二十四日奉

聖旨鄒元標這厮狂躁可惡但上疏在前未見昨日諭內大議姑著照艾穆例處治以後再有迷頑不悟的必遵

祖宗法度寘之重典不饒該衙門知道

附

吏部尚書臣楊博等、爲議處起用官員事、文選清吏司案呈、奉本部送據江西布政使司咨呈、起送原刑部辦事進士、今起用鄒元標到部、送司案呈、先該四川道監察御史孫繼先、題建言遣戍進士鄒元標、乞循資錄用、該本部覆議、候行取到部、隨大選除授部屬、奉

聖旨是、欽此。又該陝西道監察御史楊四知、題稱進士鄒元標、忠言蒙禍、投竄零丁、六年萬

里、百死一生、茲奉召還、乞查照弘治時事例、置之臺諫、必有裨益、奉

聖旨、鄒元標著吏部查有相應員缺、即與除授、不必候大選、欽此。查得大明會典內一款、凡給事中有缺、舊皆類選、後止于進士內年三十以上者考選奏補、欽此。及查鄒元標年三十三歲、江西吉安府吉水縣人、中萬曆五年進士、本年十月奉旨謫戍、十一年正月奉欽依起用、又查得缺吏科給事中一員、通查案

呈到部、看得進士鄒元標危言正論、忠議凜然、置之諫職、允合輿論、况謫戍遐荒、困衡已久、奉旨即與除授、似不必又行考選、欲將本官除授吏科給事中、恭候

命下、行令到任管事、

萬曆十一年八月十二日奉

聖旨是

鶚思悽然

直抒膺見疏 時吏科給事中

臣投荒萬里。母子睽隔。伶仃孤苦。日濱九死。甘瘞骨窟穴巖藪之中矣。過荷隆恩。拔之沉淪。復齒縉紳。臣將毋北征。期需升斗以供菽水。復何他覬。不意

陛下俞臺臣之請。授臣以給諫之職。拜命以來。稟稟未能稱職是懼。已思學貴經世。言貴適用。時當有事。緘默自持。是爲曠職。時當無事。激切自許。是爲沽名。今乾綱獨斷。聖政一新。

所在懷忠良。抱經濟者。捜自巖穴。即杜口不爲取容矣。且臣少承嚴父之訓。長遵師友之學。知悻悻者徒小節。而激切者關中和。深自懲創。恐負明訓。敢嘵嘵自多哉。朝夕循省。念職事不可久虛。隆眷不可徒負。不避狂瞽。敬瀝百一。夫談天下國家之事。在握其要。得其要。則衆政畢舉。不得其要。興一政。釐一弊。亦徒竭精神已爾。史稱堯舜之知。在急先務。矧知不若堯舜者。能役役爲天下用哉。故臣之所談。其要惟在培君德。新臣工。肅憲紀。崇儒術。餝撫臣。瑣屑細微之事。概不敢以瀆聖聽。嶽嶽高山。不讓飛埃。蕩蕩洪流。不屑涓滴。惟

陛下以臣言爲飛埃涓滴。留意而詳擇其中。臣不勝大幸。臣聞人君宰制萬物。役使羣動。必有握其樞者。心是也。心體至大。丕冒乾坤。心體至靈。同符二曜。或失其體者。何哉。欲累之也。欲在奸聲淫蛙雜遝。心以聲移矣。欲在亂色。柔曼爭進。心以色移矣。欲在口腹。甘旨並

危言

陳。心以味移矣。幾有可間。左右得而間之。際有可乘。嬖倖得而乘之。其機始于微眇。其禍至于尋丈。堯舜致兢業之防。詩書紀危微之訓。故能保世滋大。

正論

陛下履基隆之運。何求不得。際鼎盛之年。何欲不遂。求必得則人欲日滋。欲必遂則天理日微。聖學從茲荒矣。孟軻氏曰。養心莫善于寡欲。宋儒周敦頤曰。無欲則靜虛動直。明通公溥。願

陛下味孟氏寡欲之明訓。遵敦頤無欲之格言。
研幾于聲色臭味之間。致謹於視聽言動之
常。居處有時。無以閒居幽獨而有惰容。行幸
有節。無以血氣方剛而有銳心。此匪獨養德
已也。即養身亦在其中焉。精用而不已則竭。
形勞而不已則敝。無欲則形充。形充則精固。
而身可長保矣。戊寅歲、臣在戍所、邊民自京
師來者、道
聖母還宮時、惓惓以

聖躬為念、邊民無不舉手加額、謂
聖母至仁、
陛下至孝、
陛下身安、則
聖母之心亦安、
聖母心安、
陛下之孝亦大矣、漢臣汲黯云、內多欲而外施
仁義、奈何欲效唐虞之治乎、偉哉斯言、萬世
人君之龜鑑、寡欲明訓、誠今日養身養德急

務、首願
陛下朝誦而夕惟之也、君臣之分、森若冠履。手
足腹心。實為一體。下每願忠于上。每苦上之
不達。上每求忠于下。每苦下之不誠。此亡他
堂陛勢懸而情意間隔故也。二典三謨、治化
隆盛、都俞吁咈、猶可想見、易之繫卦、上地下
天則為泰、上天下地則為否、否泰之機、明良
之義、其所繇來者遠矣、臣往閱三朝聖諭錄、
天順日錄、追我

孝宗敬皇帝、
世宗肅皇帝朝、君臣相與、歡若家人、煦若父子、
或用一人而互為可否。或行一事而曲為調
停。父老傳之。史冊載之。以為盛事。
陛下昔在冲年、保傅必慎、聖齡日強、臣愚以為
有大政事、如人才、錢穀、禮樂、兵戎、刑獄、工作、
宜召內閣九卿、侍從儒臣、面為揚攉、許科道
官旁為糾正、何者、
陛下所關者。諸臣章奏而已。其繁委可厭也召

對、必能陳說利弊、開道禍福、不事繁文、而庶
政惟和矣
陛下所接者、諸臣儀容而已、其人品未知也、召
對、必能洞燭忠邪、鑒別才品、卒然有警、而任
使惟當矣、宜上意而達下情者
陛下內臣而已、過情溢言、未必眞也、召對、則讒
閒不行、猜忌不生、上下交而其志同矣、或以
御門有常、亦足致理、言之雖美、窒礙難行、臣
憶

文皇帝在右順門、諭近臣云、早朝奏事、不得盡
言、午後事簡、卿等得從容陳說、朕亦欲及時
商確、英明神斷如
文皇帝、豈顧不自暇自逸哉、以爲不如是不足
以盡群情而登上理也、武英殿
祖宗朝召見大臣、裁決庶政之所、
陛下一旦鼎新、搢紳之所揚誦、閭巷之所傳播、
皆以
陛下銳然復

祖宗朝故事、今大工已就、宜簽日舉行、召對盛
典、或先行經筵、始摘一二事與大臣諮詢、則
上之志日下達、下之情日上孚、聖心日益開
明、聖政日益廣大、
列聖明良相與之盛事、亦于今重光矣、民財告
匱、饑莩相望、譚者曰、有司之不職也、有請嚴
懲貪吏者、其說甚具、臣則以爲憲紀之未肅
也、拊循統馭、職在有司、秉憲揚休、責在臺省
苟得其人、持身奉法、則吏畏民安、不得其人

依阿洩泄、則吏廉民殘、伏覩明旨云、科道官
須心術純正、奉公砥節、無踵弊套、大哉皇言、
下燭窮蔀、第弊端所在、
陛下隱而未發、臣請得而竟之、省之職、職在封
駁、其有廉節敗度、歊法御私、臣等共相交勉
以圖報塞、第供奉輦轂、依違天憲、迺臺臣弊、
則可爲長嘆息焉、昔薛瑄在朝、三楊一見、且
不可得而屈、其節概足徵也、出巡三楚、政暇
惟手抄性理、其清操足覘也、一時人物淳龐

今日流弊何嘗不然說到彙劾兩字三代人心不可復見矣

臣思及此未嘗不灑灑毛竪先年一二臺臣昏夜乞哀冠裳埽地剝生靈脂膏以媚要津竭公家庫藏以充私囊折儀千萬視爲箪豆郵使絡繹迹遍列省贖鍰不足佐之公帑公帑不足托之郡邑承順者輒曰辦事薦揚之恐後拂志者輒曰無爲彈罷之恐遲財在天地止有此數用之者旣如泥沙取之者又安得不盡錙銖上有盜竊之行則下又安得有自殖之民無惑乎杼軸空虛而饑餓者衆也

迹之所履者大貪大惡而其所劾者小貪小過其不反脣相譏者幾希此豈可持繡斧立百職事上耶不待識者憤懣亦諸臺臣所甚惡者有臣如此將焉用之往事雖無足論迄今不爲嚴戢源不止而末流益濫矣臣叨在班行見臺省諸臣濟濟蹌蹌極一時之選其志必欲以激濁揚清爲職以忘身奉公爲念

臣願

陛下渙德音下明詔召內閣大臣直書弊端倣

人臣大病莫甚於異

同之見讀公數語可剖藩籬

正統宣德年間勑諭事例懸之臺省以垂永鑑臺中奉差諸臣不患無才患身不正而威令弛也同院考察惟以砥節者爲上仍將憲綱事例重爲糾正如餽遺所不免者揆之道義無濫常度牌坊所必建者關繫風化無得概施操守端則憲紀肅憲紀肅則羣吏畏懾雖有貪黷者且將聞風而靡從化而流矣貨財不聚民生不遂者未之有矣或曰臺省情親義無異同臣竊謂純心爲國雖相爭如虎

不害其爲同孳孳爲利雖情係骨肉不害其爲異臣言雖異臣心則同也且業已稱爲朝廷耳目臣矣目者謂其無所不見也一芥眯目天地易位矣耳者謂其無所不聞也微塵塞耳鐘鼓弗聞矣耳目之官不清而欲糾羣吏之貪酷拯生靈之休戚是借聽于聾求視于盲也國初使御史巡行郡縣我

太祖諭之曰爲治以安民爲本民安則國安當恤民疾苦據法守正未有公帑空虛而民得

安者、亦未有昏夜乞哀、而謂之守正者、臣故
曰憲紀之當肅也、仕者突梯滑稽、脂韋絜楹
歡若管鮑、陰相排擠、臣不以爲憂、臣所憂者
學術未明、而儒道大詘也、儒道大詘、始于上
之摧剝、而法令行也、常州知府施觀民、糜費
民財、私刱書院、毀之誠是矣、迺概將先賢遺
迹、一概折毀、臣不知其解也、彼敢于蔑先聖
之道者、不過惡聚講、假僞學以箝天下之口
耳、孔子大聖、尚以學之不講爲憂、天縱聰明

如
陛下、日講有常、經筵不輟、即仁聖豈加於孔子、
而睿知豈出于
陛下者哉、宋眞宗錫九經于州縣學較矣、尤及
聚徒講誦之所、聚徒講誦、自古已然、未聞概
以僞學斥也、天之生才、固于所稟、資有純駁
故功有眞僞、百僞之中、得一眞焉、亦足以維
世道、庄頹風、因僞棄眞、是因沙廢金、因噎廢
食矣、佛老之道、異于孔子、習其說者、焚香頂

禮、千百爲群、琳宮梵刹、遍滿郊坰、士誦法孔
子、譚說詩書、欲將先聖流風、澌滅殆盡、亦恐
矣、天啓聖明、將宋儒白鹿石鼓等書院、不許
概棄、是
陛下且欲衞先聖之道、以詔來茲、雖然、豈謂我
朝人物出宋下哉、
祖宗菁莪樸棫、作人者深、諸儒漸仁摩義、特立
者衆、如薛瑄、陳獻章、羅倫、王守仁等、先後以
理學名者、不下數十人、褆躬垂訓、宛然濂洛

家法、未可謂國無眞儒也、今儒風不振久矣、
上之所禁、下之所避也、上之所作、下之所效
也、上不鼓不趨、教不振不從、臣愚以爲凡所
拆過書院、先賢遺蹟、宜勑禮部、令郡邑、或概
議修復、或量爲調停、雖未必眞儒輩出、然使
天下曉然知
陛下崇儒重道盛心、學術從此而出、士習從茲
而端、未可知也、宣德初、大理卿胡槩、請修整
胡瑗魏了翁書院、即諭工部尚書吳中曰、崇

灼見得到
責備非苛

名賢於既往、正以獎後進於將來、宜從所請載在實錄、班班可考、史書載循良傳、至勸學興文、未嘗不艷稱之、矧
陛下舉動、上法
祖宗、熠耀史冊、傳之天下萬世、其關係詎小哉、臣故曰儒術之當崇也、水旱頻仍、災異繁興、列在奏牘、亦既爛然、蠲恤之詔屢下、閭閻之困愈甚、此其故何歟、臣以為其機不在朝廷而在撫臣古人得百里之地亦足以使富強、

十分痛快
此輩尤當

何至擁一方重鎮而使民皇皇若是哉國初出鎮大臣、命之曰撫者、謂其拊摩鞠育、與生民安養休息之謂也匪欲樹奇功博崇名已也古之名臣出而塡撫也惟悶悶自持不煦煦以求知地方饑饉、有勸富戶出粟、活民無算者、有責令有司、收撫流移、不使散之四方者、絕不以厪宵旰、在則民德、去則民思、先年二三撫臣、冒軍功者、糜爛其民、雖拜爵受賞、朽骨冤魂、叫號春雨秋霜之下者不知凡幾

點頭

二語切中
膏肓

矣、嚴催徵者、敲朴其民、雖考成奏最、刮肉補瘡、啼泣箠楚縲絏之下者、不知凡幾矣、封疆雖擁乎大僚、書筭下同乎小吏、甚至亡而為有、虛而為實、人皆曰干城之器、揮霍之才、生民痛癢漫不相關、謂撫之義何、雖然、其原始于任之太輕故也、宋神宗謂文彥博曰、諸道使臣、職任至重、宜擇其人、彥博對曰、為治之要、無以易此、當時韓范諸臣、皆一時名流、今之巡撫、視宋諸道使臣、又為加重、簡擇其人、

猶懼非才、乃今仕者、一得內補、垂涎京堂、既得京堂、坐列開府、未得如農夫之望歲也、既得如拱璧之在抱也、患得患失之心重、為國為民之念輕、伏願
陛下念斧鉞之重寄、憫生靈之無辜、陞擢惟以直亮端方、廉明無黨者為主、諸冒濫鑽刺、軟熟可厭者、絕勿使竝進、其見任事地方者、除各邊專理軍務外、如腹裏地方、仍乞勅都察院、轉行各處撫臣、須存大臣之體、思撫摩之

確論

有此一跌益見精神

義以安養休息爲主以愛民節用爲本以正身率屬爲先水災地方其所減征者猶有田之民也有田無立錐褐無完裘夕無宿舂者可念也古有富戶出粟活民無算者其法可陳也有孰獨鰥寡顛連無告扶持通衢者可憫也古有責令有司收撫流移者其義可知也闢田里課農桑厚風俗嚴貪墨古人有行之者其意可師也年終將賑過窮民撫過流移、行過事績、造爲成冊解院、無視爲文具、政安則民和、民和則天地之和應之、雖有水旱不能爲異、雖有災異、不足爲憂矣、林聰撫山東大同周忱撫蘇松常鎭旱乾水溢何日無之然惠流民安四境晏然彼其下豈皆賢百執事哉撫臣者百執事之表也表端則影正源潔則流淸百執事雖欲不兢兢奉法不可得也得百良有司不如得一賢巡撫有一賢巡撫不患無百良有司臣故曰撫臣之所當飭也、以裨君德、以弘化理、以振士風、以飭吏

治、今日急務、誠莫有大于此者、臣猶有說焉、今天下如人一身、內如心腹、外如四肢、精氣消耗殆盡、非倍珍啇、鮮克攸濟、先是世務爲操切、爭威嚴以相高、閭里蕭條、無復太和景象、願

陛下崇厚澤以培國脈、廣仁愛以答天心、節財用以惜民力、酌賞賜以愼名器、親君子則儉壬日遠求經史則外好日遷蒼赤被樂利之澤、宗社衍靈長之慶矣、生民幸甚、臣愚幸甚、

萬曆十一年九月十五日奉

聖旨這本說的是內事關朕躬的知道了其餘該部院看了來說

附

都察院廣西道案呈刑科抄出吏科給事中

鄒元標奏前事奉

聖旨這本說的是內事關朕躬的知道了其餘

該部院看了來說欽此抄出到道具呈到院

臣等看得吏科給事中鄒元標奏稱肅憲紀

崇儒術飭撫臣各一節除崇儒術事干禮部

掌行聽該部徑自題覆外其肅憲紀飭撫臣

二事該院職掌相應議覆爲照御史巡按一

方憲紀攸係果能潔己奉公自爾風清弊絕

先年一二按臣聞有用賄納交至滋物議旋

取敗黜無容追論聖政一新宮府肅清時按

臣未聞有此但恐德意弗宣餘習猶染臣等

正欲申飭科臣復有此議合無依議再行嚴

飭以後諸差按臣各務秉公持廉以振風紀

激濁揚清以肅吏治贓罰銀兩除解部備賑

外一毫不得私自取用以實私囊亦不許妄

行餽送以玷名節若如按屬地方有交際所

不容已者但取成禮不得過豐坊牌有當建

者間一舉行不得濫及違者定行參論憲綱

一書刊刻已定不必再爲糾正但須着實舉

行至于巡撫專制各省關繫尤重然官以巡

撫爲名尤以撫綏爲尚若徒嚴刻以就功殊

非命官之本意科臣條議良爲有見相應通

行各該巡撫俱要顧名思義崇惇大之體盡

拊摩之道平居無事則必均戶口寬傜役蠲

不急之務去繁苛之令以爲休養生息之本

一遇水旱災傷致有困苦該省撫臣即行司

道司道即行州縣或請發倉廩以賑貸或著

行勸借以周給但使流離之得所不必盡如

所議措置而不拘于常每于歲終仍備查其

縣賑過窮民若干丁撫過流移若干口著成

效者定上考事虛文者置明罰因而據實奏

報登簿考成仍咨吏部凡遇巡撫員缺慎擇

直亮端方者方推是任苟非其人不許濫及

臣等再照撫按俱爲一體舉事不宜同異即

如問饋交接等禮。按臣既當節省，撫臣豈宜妄施顛連困窮之民。撫臣既當存恤，按臣豈忍坐視再乞天語申飭，皆務撙節愛養，庶憲紀益肅，撫臣得人，而吏治民生，均有裨矣。

萬曆十一年　月　日奉

聖旨是撫按官以肅吏治阜安民生爲職，都要正己率屬，着實節省存恤，以副委任。今後如有仍前沿襲弊套，不遵明旨，你都察院并科道官查實參來處治

莊語可霽嚴威

復言官以重國體疏　吏科

臣待罪該科，于本月二十二日，該吏科等科都給事中等官周邦傑等一本，爲請宥言官以弘聖度事，未奉綸音，臣蹋蹐青墀，汗流竟踵，恨馮景隆不深自詳，致觸聖怒，又訟臣等積誠未深，而悟主亡繇也。雖然，有言必盡，有懷必吐者，言官之職也。山藪川納，海畜淵停者，

聖主之仁也。景隆言是與否，諸臣所以救景隆

者，言甚具。姑無論，臣所惜者國體耳。

陛下臨天下，布恩惠，納讜言，以利安元元爲事。海隅耆老，願須臾無死，見德化之成。一旦有此處分，其于聖德所損不小。矧臣等新列言職，或起自稿廢，或起自小吏，雖作其氣，鼓其趣，猶懼不足以塞厚望，應明旨。今觀景隆以言去，國其不目攝色變者幾希。後雖有大奸蠹大利害，誰肯逆盛意，犯隆旨，盡忠信而趨闕下者哉。天下之事，習見者多真，傳聞者眇

說出主意乃文之大關鍵處

實事在輦轂、一日之內、訛言踵至、矧遼海去
金陵數千里哉、景隆之失言固可罪、而事屬
風聞亦所可原也、大凡用人之力者、當安其
心志、始得以展布四體、景隆以成梁故、不得
安其位、臣等以成梁故、不得竭其志、成梁爲
大將諳國大體、必怛然不能安、怛然不能安、
欲其緩帶邊陲難矣、李漢超爲關南兵馬都
監、民有訟其强娶已女、又貸民錢不償者、郭
進爲西山巡簡使、有軍較訟其不法事、宋太

引證確當

祖皆薄譴其人、而仍使之聞之、夫薄譴其人
者、所以安將臣之心、使之聞之者、正欲以達
軍中之情、說者以爲御將得宜、成梁未知視
李郭二將何如、景隆列在南諫、又非軍較可
比、
陛下既以薄懲激邊帥之心、又以臣等言而復
其職、其於御將之恩、容諫之仁、詎不兩得之
哉、臣一介末品、念
陛下以言用臣、職在繩糾、誼難尸素、矧

陛下智同大禹、機並轉圜、又非尋常所可測萬
一者哉、
萬曆十一年九月　　日奉
聖旨已有旨了

酌量大臣進退疏 吏科

臣聞百官之所表儀者、在大臣、而大臣所係以爲世重輕者、在愼仕進之門、而高易退之節、其進不可使人有倖之者、倖之則效之者衆也、其退不可使人有疑之者、疑之則議之者多也、國君進賢、如不得已、豈故爲是致愼者、誠念惟名與器、不可假人故耳、古之君子、一辭而退、豈故爲是沽名哉、誠念高爵重祿、不可虛拘故耳、臣近見今陞南京戶部尚書

張其、進之太驟、則有可言者焉、其歷官爲人、具先年兩科臣疏中、臣不必毛舉、以傷雅道、但念其去年猶然一撫臣耳、未幾而吏部侍郎矣、又、未幾而戶部尚書矣、任方數月、崇階累級、彼豈耆德宿望、足以讋服百僚、出奇畫策、足以結知明主哉、止緣本官囊橐盈溢、機知猾巧、多方鑽刺、躐躋卿貳、同儕羞與並列、善類懼其中傷、輿論未協、大負淸朝、夫行速者多蹶、盛重者覆餗、人雖不言、其何如爲自

處計也、臣竊謂此一臣者、所當愼用以杜倖進之門者也、又難退如禮部尚書徐其、則有可議者焉、彼其筴身之初、海宇已卜其無立朝之節矣、已而夤緣仕途、驟登淸秩、雖雕蟲小技、足擅著作之林、而物議沸騰、難居寅亮之職、先是山陵事同、衆皆謂其義當速退、猶復靦顏就列、見幾明決謂何、臣竊謂此一臣者、所當致仕以倡易退之風者也、愼進一其、匪獨爲其一人惜也、諸臣中冒濫如其者。僥

倖之心、從玆而息矣、請退一其、匪獨爲其一人言也、諸臣中當退如其者、高尚之志、葢自此決矣、臣又有說焉、辨官論材、當惟其品、材誠相胥、望重朝野者、其上也、奇材宏猷、以功能自見者、其次也、進則汶汶、退則憒憒、無所短長之效、抑又其下矣、六七年來、奔競成風、薰蕕雜進、一旦挽之、其勢誠難、臣竊謂耆舊者後進之楷範也、登崇老成、則躁進者有所矜式矣、恬退者奔競之藥石也、獎進恬退、則

奔競者有所懲創矣、何者、耆舊如蒼松翠栢飽歷風霜、樹之明堂之上、眞足以壯大觀、恬退如處子貞婦、幽靜閒雅、置之巧媚之側、眞足以消遏志、臣管見如斯、不敢不爲
陛下陳之、願勑銓臣、少留意焉、臣迹孤寡與、初立朝端、豈不知二臣危機不測、獨念舉直錯枉、臣之心也、亦臣之職也、終不敢以全身遠害之故、負特達之知、汚諫諍之官、臣言愚戇惟

陛下察之、
萬曆十一年十月　日奉
聖旨吏部知道

推廣德意以澤蒼生疏　吏科

臣聞天地大德曰生。仰體天地生物之心以爲心者。帝王之所以仁覆天下也。仰體人君愛民之心以及萬民者。臣子之所以引君當道也。自古堯舜禹湯文武之爲明君、皋夔稷契之爲良佐、曷嘗不以澤被生民爲己任哉。
臣於本月初九日奉
聖旨、今歲暫免行刑、欽此、維時不啻諸囚喜若更生、白叟黃童、傳呼閭里、歌舞聖德、嵩祝聖

壽者、聲遍畿輔、臣伏思之、齊宣王不忍一牛。孟軻惓惓開導、謂其足以王天下。何者。一念不忍之心也。
陛下天縱聖知、豈宣王可比萬一、兩歲免刑之心、眞不忍之心所感觸也、此一不忍之心。可爲堯舜。可爲禹湯。可建天地。可質鬼神。是在培養擴充之耳。培養之功、責在講幄。臣無容贅、乃所謂擴充仁術者、臣得言之、臣非創爲之說也、卽孟軻氏所謂苟能充之、足以保四

酷吏殘民
剝心刺骨

海、善推所爲之謂也、臣聞刑罰者、聖王御世
之具、不得已而用之也、往時循良諸吏、視民
體膚。即已體膚。視民財力。即已財力。故閭里
無愁嘆之聲。阡陌有充盈之積。近世則不然
專務刻轢其民。民一被勾攝。痛加箠楚。有立
死杖下者。孤人之子。寡人之妻。何吏痛而不
德也。民一入公門。室如懸磬。有一詞而罪牘
至百者。剝及宗黨。株及親戚。何民之無辜。至
此極也。

陛下於此畿內。可死之人。猶必矜而宥之。甸畿
外諸人。有罪不至死者。遭此荼毒。
陛下見之。其不忍之狀。又不知將何以爲情矣
臣願
陛下推廣德意、勑該部轉行各處有司、曉然知
陛下之意、務先仁愛、以省刑輕罰爲先、庶幾哉
囹圄空虛、而田野有餘積矣、然其弊有根、非
可以朝令夕禁也、嚴刑生於重罰、重罰必至
嚴刑、自近歲督責之法立、每歲解贓罰之數

多、院司以此殿最郡邑、郡邑以此苛責細民
刑酷則法立、法立則名高、夫不議減解贓贖
之例、而寬考成之法、雖龔黃在事、勢不能禁、
故議減解贓罰之例、是今日惠養元元急務、
先是科臣王亮言之、所當亟爲議處者也、或
者論未能遽減其額、臣竊謂廟堂寬一分之
惠、下民受一分之賜矣、然此猶非致治清濁
之源也、禹泣罪人、痛百姓二心、夫是罪人。猶
非大犯名教云爾。今歲決單中、計子弟殺父

信然

兄者、寔繁有徒、傷壞彝倫、大非細故、在昔仁
賢得一郡邑、漸民以仁。摩民以義。故其人雖
往。而流風遺俗有存者。無論程朱之於扶溝
南康。即文翁在西蜀。亦可覩記已。近時之所
謂良有司者。一辦事之吏而已。其治在於期
會簿書。間有見稱士紳者、以流連詩酒爲高
致、談及名教事、則掩口竊笑、無惑乎風俗日
汚、犯法者衆也、漢文帝曰、訓道以純、愚民陷
焉、敎未施而刑已加、朕甚憐之、董仲舒曰、移

風易俗、使天下同心而嚮道、類非俗吏之所能爲也。可見古之君臣未嘗不以教化爲大務。臣願
陛下推廣德意、勅下該部轉行各處有司、曉然知朝廷之意、務廣教化、凡訟關彝倫者、須痛自躬責、以移風易俗爲主、使民興敬讓之美、敦仁厚之俗、雖未必人人有君子之行、斯民耳目熟而良心生。刑措之風、庶幾可致矣。不然犯法者衆。

陛下卽不行刑、不過一歲兩歲而止。後雖有不忍之心、終無以自遂矣。故省刑罰、務教化、誠擴充仁術之要道也。臣惟庶民之家、子孫茂衍、必祖先仁愛忠厚、故足以基世承之澤、則自有天下者、又可知已。
陛下寬仁大德、同符堯舜、臣願永堅一心、無怠於終、乘此火燃泉達之機、馴致日新富有之盛、以幸天下、以育群生。若夫祖申商之餘知、襲一時之小效、國家元氣、從茲而索、非臣所敢陳於君父之前也。躬逢
陛下好生、不以擴充之說進者、是負
陛下也。避時人迂愚之誚、曲學以阿世者、是自負所學也。臣竊恥之、用是不避狂瞽、敬獻愚衷、惟
陛下鑒臣所言而施行之、臣不勝幸甚。

萬曆十一年十月　日奉
聖旨該部知道

附

刑部太子少保尚書潘　等爲恭覩
聖皇好生大德懇乞天恩推廣德意以澤蒼生事貴州司案呈奉本部送刑科抄出吏科給事中鄒元標題前事奉
聖旨該部知道欽此抄出送司到部臣等看得
鄒元標題　省刑罰廣敎化一節爲照刑罰敎化二者爲治之大端而明刑弼敎其道未始不相成者也我

皇上歲當審錄之期再下停刑之詔邇僉科臣之請廣行矜恤之仁葢惟恐民生之有冤而示天下以省刑惟恐德意之未溥而示天下以崇敎大哉
皇上明德愼罰相須並用眞足以澤蒼生而敷九有矣乃猶怛於德意之未宣而刑罰之未省者豈期奉行者之未至耳臣以爲刑之不省非不可省也嚴刑重罰勢必相因夫以科罰之多而考成之令有以督之也今之爲守令者解贖有例積穀有數在查盤則以此上下其考語在院道則以此殿最其有司而務爲迎合者又爭先取足以求獵夫賢聲以致詞訟日繁箠楚日刻比較益嚴而手足無措詎知贖鍰雖積乎帑中無辜已斃於杖下矣是之謂以政殺人無重辟之擬而死者比比眞足戕好生之德而傷天地之和宜科臣懇切而有請也伏願勅下戶部再加酌議量減贖額稍寛考成則詞訟自寡而民不苦於誅

求勾攝自踈而刑不濫於敲朴庶乎閭里無愁苦之聲阡陌有充盈之積矣如是而有藉口於解贖之多復肆行夫慘刻之政者撫按官一以酷刑之律罪之刑罰何有不省耶臣又以爲敎之不行豈眞不能行耶立政有本致治有原夫非以美德之未孚而徒以法制令之也夷考古人有見爭奪之民而閉閤以思過惟其以身先而不事於聲色耳今日則士鮮羔羊之行或祖申商之餘以簿書期會

爲急務、催徵法律爲雋才、南康扶溝之政、果
可得而復覩乎、此皆繇上乖而風俗日靡、俗
汚而民行不興、無惑乎彝倫之攸斁、而罪人
之實繁、誠如是科臣之所言者、恭候命下、臣
等申飭撫按官遵行所屬、務正身以率物、崇
節儉以化民、而又實心實政、布爲條教、以
皇祖之訓俗者、耳提面命之、移風易俗、視爲己
任、一夫有罪、是曰予辜、則上有好禮之教、下
多從義之民、雖未必人人盡君子之行、而法

亦不至於輕犯矣、而又有崇尚乎虛文、不先
乎身教者、撫按一以不職罪之、教化何有於
不興耶、夫刑罰所以齊民也、省刑而天下無
寃抑之民、教化所以導民也、教行而天下皆
向善之衆、庶幾乎協和之風、追美乎刑措之
盛、
聖天子好生之意、旣淪浹於畿輔之內、而亦擴
充於四海之外、所以基億萬載之祚、而衍無
疆之休、端在是矣、

萬曆十一年　月　日奉
聖旨賦罰解部濟邊已有定例若撫按官奉公
節省何至病民着炤舊其餘依擬

耿耿之思

敬釆輿論共推士品懇乞查明錄用昭雪疏 吏科

臣於本月初九日，閱戶科都給事中蕭彥疏，爲薦舉邊材，未因薦及數臣，以爲默移世道，維持士習，乞併掄擢，以風天下。臣三四讀，未嘗不服其卓識閎議。臣最駑鈍，昔年聞海內縉紳有則古昔、謂先王者，輒手記心存之，拊膺衡茅，冀諸臣駸駸嚮用。已而覩其中道阨塞，心甚惜之。承乏該科，欲陳忠

陛下之日久矣，戚戚止臣多言叢忌，臣蓄而未言。比見蕭彥疏論深剴，觸臣愚衷，且進退人才，係臣職掌，臣感切不能自已。謹摭臣所覩記者，一一爲

陛下陳之。臣所陳者，非敢謭謭然執理學以必天下之才也。聖門英才，何其濟濟。教列四科，皆足名世。故有得聖道之眞傳者，有得聖道之猷爲者，有以自守稱者，皆有功於斯道，亦臣所不棄也。原任禮部侍郎王錫爵，望高海

以下品題秋毫不爽，非大有心人無此定見

宇。原任國子監祭酒孫應鰲，敷經薦剡，無容復贅。訪得原任福建巡撫耿定向，洞徹道源，力維名教，以成就人才爲眞修，而實行式端乎表率；以康濟民生爲實學，而經畫允協於機宜。原任太僕寺少卿魏時亮，器宇溫粹，問學端平，恬約如處子，當官有不奪之操；質素如儒生，居隱有自得之味。原任廣東按察使胡直，視身端介，研道精深，志存海宇，動止必追古人，學博典墳，著作可垂來禩。原任雲南

叅政羅汝芳，性資超脫，行誼高貞，惟道是慕，富貴功名，不入其心，逢人必誨，貴賤賢否，不知其類。山西叅政王時槐，秉心幽靜，賦器嚴凝，復性以爲志，言行不詭於閒淌，欲以爲功，生産不攖其慮。原任苑馬寺卿顏鯨，志趨高迥，識誼宏深，道欲追于古人，而不可以利染；行欲挺於當時，而不可以威搖。原任廣西副使劉應峰，秉意卓犖，抱識圓融，夯足以範閭里，而不忘心於聖學；才足以濟埏垓，而不濡

帥澤之間
於今不少

迹於權門原任江西叅政周思敬朴貞之性
端介之行志切於扶世道諷諭不顯其迹學
急於育人材提撕不厭其勤見任杭州府知
府張振之、孤潔性賦耿介天然學稱考亭同
狂瀾於旣倒治效潁川垂恩澤於去思建昌
府知府許孚遠、秉心端介信道堅貞與古爲
徒操不改於歲寒視民如子政每布乎春煦
未仕舉人劉元卿、抱物外之志節蘊心上之
經綸風動一方庶幾實踐君子鳳翔千仞可

鄒忠介公奏疏　卷一　四六

謂高蹈逸民以上數臣雖衇絡不齊造詣不
一、要皆卓然自立、非弔詭以博名高者內耿
定向、胡直、昭代淳儒白首一心、宜加顯擢、以
興斯文、張振之、許孚遠、齟齬仕途、廿年有餘、
宜加優處、以起頑懦、臣信其不爲
陛下負也雖然臣亦豈能必諸臣悉諧衆口哉
臣知其故矣古之學者知行合一以踐履爲
實地今之學者專譚性命以圓機爲妙用此
學術流傳之弊其人品之不容磨滅者固自

何今古之
相懸可爲
一慨

在也古之人其望人也厚厚必欲成人之美
有一善者汲引之恐後惟懼其身之廢也今
之人其待人也嚴嚴必欲揚人之過有寸瑕
者攻擊之無遺惟懼其名之成也諸臣之所
以受議與人之所以議諸臣者當分任其責
可也臣查諸臣中、如魏時亮顏鯨、曾經考察、
拾遺所以懲奸宄、風有位、匪欲爲奸人報復
計也、
陛下以爲此二臣者公耶私耶公也明明國典

鄒忠介公奏疏　卷一　四七

敢言正氣

誰能議之今三尺豎兒知其寃矣傷正直之
節沮好修之心臣切痛焉邇年考察臣等六
七人被之矣幸
陛下明聖寒灰再燃臣等顯被之而顯錮之過
幸得白諸臣陰逆之而陰斥之寃終難釋此
臣日夜鬱結于心不能已于言也芻蕘可采
伏乞勑下吏部念人才之難得憫幽抑之當
伸應錄用者即爲錄用應昭雪者即爲昭雪
諸臣生得彈冠於朝殁得俎豆於鄉甚盛舉

隨口吐出慷慨之辭滿紙浮動

也以臣靡言臣亦欲使四方聞之天下有不容泯之人心廟堂有不容靡之公論隱丘壑者篤志沉修被汚衊者矢志考槃先達有所恃而益勉後進有所欣而樂從未必非淬礪人心之一機也抑臣有深懼焉臣嘗見美玉矣遠望之溫潤而栗近索之不無瑕疵臣問之人曰斯玉何以稱美人教臣曰爾以無瑕求玉斯天下無良玉矣臣因悟知人之方亦當類此夫不以片瑕棄玉者斯玉無遺良也

望諸臣勉旃心益熱矣

不以一眚責人者斯野無遺賢也諸臣功成一簣臣無負知人之明諸臣自玷晚節在臣不失為過信之厚諸臣如自負何惟願

陛下垂寬明之聽鑒狂瞽之衷、在廷臣工、必有知臣之所未知、舉臣之所未舉、接踵比翼於熙明之朝者、愈出而愈奇也、臣不任拳拳之至、

萬曆十二年二月二十日奉

聖旨吏部知道

因事陳忠莫善之道非可與日食不驗修表稱賀者語也

嚴加修省以答天心疏　吏科

臣聞國家將有失道之敗、天先出災眚以譴告之、又出怪異以驚懼之、不知自省、而傷敗乃至、見天心仁愛人君無已也、恭惟我

皇上仁厚性成、睿智天挺、孝奉

兩宮、則情文兼隆、恩覃萬彙、則枯槁回春、未明而衣、嚴寒而朝、臣方欲歌誦盛德、乃者本月二十二日、內庭火災、延燒慈寧宮、一時煨燼、至震驚

聖母、憂勞

聖躬、皆臣等奉職無狀所致、罪當萬死、除痛自修省外、然臣等竊惟天下未有無災之國、顧人君所以修德者何如耳、能修德、則反災為祥、不修德、則禍立至而不可解、臣伏讀漢儒論五行、曰、極陰生陽、不旱則火、又曰、君不思道、厥咎災宮、是則天變之興、亦人事之未修歟、臣謹昧死陳為六事、皆上關君德、下係國是、最急者、惟

陛下俯賜省覽。昔人所謂事天以實不以言、應
天以實不以文。臣不敢勦儒生迂腐之談、亦
不敢引窒礙難行之事。儻蒙俞納、國家幸甚、
臣等幸甚。
一曰係
聖躬。臣聞千金之子、坐不垂堂、誠重之也。矧
陛下握符御曆、前而
祖宗之統緒、後而
神聖之國祚、皆係

陛下一身、宜如何致愼哉。愼之云者、匪偃仰屈
伸、煦吁呼吸之謂也。惟在緝熙聖學而已。先
儒云、緝、繼續也、熙、光明也。有一毫間斷非緝
也、有一毫暗昧非熙也。緝熙聖學、必先無欲。
曩臣進無欲之訓、
陛下俯垂嘉納。
陛下試自修省、無欲耶、寡欲耶。詩曰、鶴鳴九皐、
聲聞于天。又曰、鼓鐘于宮、聲聞乎外。蓋言誠
不可掩也。語云、欲人勿聞、莫若勿言、欲人勿
知、莫若勿爲。
陛下誠宜翻然自省矣。何者、人之血氣、當壯盛
之年而節省之、則易爲力。及凋耗之日而培
養之、誠難爲功。
陛下今一節嗇、而千萬年長齡、從此始矣。臣之
於君、猶子之於親。子祝其親、必曰百年壽考、
臣祝其君、必曰萬壽無疆。臣誠願
陛下寡欲以緝熙聖學、緝熙聖學以係聖躬。伏
乞

聖裁。
一曰親臣工。臣聞巍巍惟天、然必下濟而後
光明。故自古君臣未有一語不通而能相與
有成者。曩臣進召對之語、蒙
陛下俯垂嘉納、迄今數月、猶未舉行。此必有爲
之說者曰、人君其尊如天、必尊嚴若神、始無
失居尊之體。不知有尊嚴之名、有尊嚴之實。
務其名而去其實、則亦非所以尊君矣。故大
臣欲獻替其間、而動多掣肘者、群臣欲糾正

其間，而事難上達者，尊卑睽越，情旨罔洽，上德沮滯，下情塞鬱，徒牽制文移，繆悠歲月而已。當茲天變，
陛下誠宜惕然自省，每朝講後，將群臣所上章奏，召諸大臣一一講明，如吏部職在用人，其進退賢否，試一詢訪，戶部職在會計，其出納盈縮，試一稽查，禮儀之隆殺，邊報之虛實，刑獄之出入，工作之興廢，務根極源委，揚搉利弊，有獻可而不以爲同，有替否而不以爲矯，

要共成一代和衷之美而已。先是臺臣楊四知所上三錄，召對其一，聞
陛下留神省覽，此正
祖宗時故事，所宜率祖攸行，以親臣工，伏乞
聖裁。
一曰開言路。臣聞言路通塞，係世道之興廢，自古端人鉅士立朝，惟惓惓以開言路爲請，彼誠見理亂從茲而出故也。始臣等或起廢畎畝，或起身行伍，海內喁喁想望太平，乃未

眞誠惻怛
可達神明

經數月，以言事落職者五人，方取之而遽斥之，方起之而遽譴之，載之史冊，傳之後世，可爲寒心。雖其所言不無過當，然亦非全軀保身者比。使謀國之臣，居全軀者之右，人雖至愚，必不肯以身爲犧牲矣。臣往讀留都科臣疏云，士氣之屈者，蓋已十年，今幸得伸，言路之塞者，蓋已十年，今幸得開，不覺欣然，旋開而塞，旋伸而屈，則宜忠憤之士，扼腕而譚而闇暗之狀，難於畢達也。當茲天變，

陛下宜廓虛受之量，下求言之詔，庶幾忠讜嘉猷，盡忠而獻闕下者，濟濟無窮矣。然欲下求言之詔，則莫若以五官爲之招，或復原職，或授京秩，增朝端正直之風，助臣工敢言之氣，此曠古之盛事，而諸臣之所翹企也。伏乞
聖裁。
一曰諭百官。臣聞書曰，先王克謹天戒，臣人克有常憲，百官修輔，厥后惟明明，天心示儆，
明君固當恐懼修省，臣子亦安能晏然無所

小人情狀比比如是

事事哉、古人立朝不苟焉以求同惟蹇蹇以
謀國今有大謬不然者則脂韋風熾而奔競
之習成也立譚間以遊戲徵逐為本業以流
連詩酒為高致回視古人何啻霄壤臣請即
近時人心為
陛下鏡之、如議減官一事、昔言可減今言可增
矣如處言官一事昔言可死今言可恤矣如
處故相一事昔稱伊呂今異類唾之矣昔稱
恩師今讐敵視之矣一人之身前後背馳為

鬼為蜮不可測度猶且悠悠策馬迹遍公卿
以軟熟為工以謀國為迂有臣如此國奚賴
焉臣願
陛下勅百官洗濯乃心如大臣須務立朝之節
小臣須敦廉靜之風各恭厥職無論唐虞三
代即如弘正間風俗淳朴亦可覩記矣夫國
運之隆替、係士風之邪正士風之邪正係國
家之振作、臣誠願
陛下諭百官以懲薄習、伏乞

聖裁、
一曰節財用、臣聞國家資財用、猶人資食以
生、民無食則死、國無財則匱、
陛下躬先浣濯、仰追
列祖、臣猶有說焉、臣覩庶民之家、有百金之積
者、歲支十金、不過十年而止、歲支百金、不過
一年而止、善蓄積者、以一年為百歲之計、今
大司農告匱矣、如明年恢復
慈宮、鼎建山陵、大役並興、動需不貲、取之西北

西北飢荒、聞者酸鼻、取之東南、東南水旱、見
者寒心、非大為樽節、膏脂易竭、臣懼難繼矣
江西燒造、無益實用者、止之可也、蘇松織造、
非係緊急者、停之可也、其他不急之興作、無
名之賞賜、盡為禁止、以彰儉德、至明也、以培
國脈、至仁也、若不大加損益其間、雖桑孔復
出、不能持籌而算矣、易曰、節以制度、不傷財
不害民、節用一語、誠今日經國者急務、伏乞
聖裁、

仁人之言

一曰拔幽抑、臣聞民含陰陽之氣。常與天地
相爲流通。民心和順。則天地之和順應之。民
心乖戾。則天地之乖戾亦應之。言民能以氣
上干故也。匹婦含寃、三年大旱、一夫呼天、六
月飛霜。今鳳陽高墻所禁宗室罪人、不知凡
幾矣、詿誤致譴、其苦可矜也。
陛下臨御、屢下寛刑之詔、遠方凶豎、猶蒙貸死、
況以皇室懿親、忍使之羈囚而就死乎。今後
宮所積宮人、不知凡幾矣。錄壯而老者。其情
可矜也。

陛下臨御、屢布寛仁之條、艸木羣生、皆能自樂、
況內庭幽婦。忍使之孤孰以終身乎。夫生生
而不已者。天地之所以爲大德也。一物惟恐
傷人者。人君之所以爲至仁也。臣願
陛下沛然降德音、勅有司、於宗室、審其罪有可
原者、盡行疏放、於宮人、酌其年力已壯者、量
爲釋放、天心有不克順、嘉貺有不薦臻者、未
之信也、伏乞

聖裁、
萬曆十二年正月二十七日奉
聖旨言官建白須審識大體和婉敬慎豈可任
臆妄言鄒元標故以災變爲言內多疑君恣
上本當拿問重處姑以言官着降一級調用
該衙門知道

恭陳下悃懇乞改南疏南兵部主事

臣于五月二十日接到邸報、蒙聖恩調臣吏
部驗封司主事、自兵而吏、自南而北、俄至尊
而近日月矣、臣之遭逢、可不謂極隆盛際哉、
臣望闕叩頭祇謝外、念臣有烏鳥私情、不容
不瀝陳君父之前者、惟
陛下垂聽焉、臣母羅氏、春秋六十七矣、往臣戍
都勻時、臣母及臣兄與姊三人者、更相爲命
也、自臣起家、將母北征、臣母身雖同臣行、而

心常鬱鬱不樂、問其故、則兄姊睽違、無論交
懽膝下、即通一平安字、隔數月始達、甲申春
奉母南行、臣母顏色始爲開霽、昕夕始加七
箸、問其故、則家山伊邇、音問易通、臣兄欲省
侍、不半月而到、邇復聞移官之報、臣母敎臣
曰、子職言責、不殫乃心力、通達國體、務存渾
厚、我以子不才、終拓落明世、
皇上在宥、三月內兩移官焉、是雨露之恩、不擇
枯朽、日月之明、無間窮蔀、爾速儆裝、謹爾言、

敍母之言
告君臣心
自露

慎爾行、無以我故而持二心、願爾爲良臣、歸
與爾兄食貧、吾寧也、臣聞其言、五內如絲、夫
臣與母、方脫別離之苦、得沾祿養之榮、乃遽
隻身就道、昔人謂報國日長之義謂何、而忍
心絕裾也、又臣聞藎臣事君、有致身、有修身、
鞠躬盡瘁、展采錯事、是曰致身、收斂退藏、素
位而行、是曰修身、易曰、君子安其身而後動、
則修身者實所以致身也、仁君御臣、有用之
用、有不用之用、優之清華之秩、置之掄材之

地、是用之用也、需之歲月、以老其才、處之閒
寂、以堅其守、是不用之用也、用之用者、憐其
往不用之用者、與其進、臣自束髮、有志問學、
遐荒六載、孤陋無似、往在都門、一時仁賢彙
集、臣欲朝夕請益、時叨言路、非阻於形迹之
疑畏、則迫于應酬之鞅掌、近在金陵、職閒事
簡、時或杜門埽軌、或就正有道、方欲痛自刻
勵、消融其燥心、而祛除其褊性、若復移今官、
形迹之疑畏猶昔也、職事之鞅掌猶昔也、臣

何詞之曲
而意之悵

身日惰。臣學日損。
陛下卽欲用臣。臣出之無本。祇見其易窮矣。且
官無南北、職無揀擇、臣充一守道之心南之
職方皆自效之地充一守官之心北之驗封
無止息之期臣于榮辱進退之間。籌之熟矣。
或有勸臣者曰、臣所謂者、掄材之地也、默助
一正人、則朝端生色。陰扶一善類。則蒼赤蒙
福惡用是譊譊爲哉。臣竊謂不然。語云、已立
而後立人、已達而後達人、臣才不通方。學未

適時。遽欲以立人達人。是今適越而昔至也。
必無是矣。實用敢哀鳴
陛下、伏望鑒臣母子之情、念臣犬馬之衷、非繇
矯飾、勑下吏部、仍炤改南事例、俾臣得淬礪
一官、臣敢不精白乃心、以圖報塞哉、先臣陳
獻章云、上有至仁之君則下多曲成之士臣
不勝惓惓俟命之至、
萬曆十三年七月二十五日奉
聖旨鄒元標不准改南吏部知道

開口就來不顧諱忌

爲吏部堂上應詔陳言疏 時吏部主事
臣等仰承明問、誼不敢虛、事關職掌、諸臣亦
旣談之詳矣、敬陳書生腐談、聞坐上請、倘蒙
俞允、伏乞勑下該部、着實舉行、生民幸甚、臣
愚幸甚、
一養君心、先正云、親宦官宮妾之時少。接賢
士大夫之日多。此善養心者格言也。今聞
陛下後宮有專房之寵。十俊有燕游之好。不但
親宦官宮妾已也。寵盛必貽憂宗社。狎甚必

藥石語

與。聞。國。政。我朝遠過前代。萬無內政一事。惟
是正德間有八黨之稱。今有十俊之號。其漸
不可長矣。伏望
陛下割衽席之愛。嚴便嬖之禁。斯左右前後罔
非正人。而社稷靈長之慶。亦永永有托矣、伏
乞
聖裁、
二辯政體、夫政體大端、不過用人行政而已、
然所以事得其理、而人得其職者、則公論其

工鍊而精深自是老成口氣

人觀大本事必慮終識高千古

本也、此一人也、胡乍而忠、又乍而佞、此一事也、胡乍而興、又乍而革、適者攻擊、玉石莫辯、眞同炎火、水田一事、刻印銷印、何異兒戲、伏乞勑下諸臣、一時之權力有限、百年之清議無窮、少年之意見未練、國家之大體當惜、論一人也、先觀其大本、大本既立、餘皆可恕、建一事也、先惟其終、始之不愼、後將何觀、此最今日時政急務也、伏乞

聖裁、

痛切時弊

三清錢糧、今之言理財者、家家桑孔、持籌握算、更無餘策、竊謂不越節儉二字、夫所謂節儉、非漫言也、如織造燒造、已奉明旨、量爲蠲減矣、惟是內府供應、百孔千瘡、射東指西、神輸鬼役、如各監各局、各司各庫、歲派本色折色、太僕寺馬價、光祿寺供應、豈皆實數、往往內臣侵尅、削求、私充囊橐、以小民脂膏、供埽除之奢侈、臣切惜之、伏望

陛下詔各監各局等衙門、祓濯乃心、以承德意、

邊鎭金錢仍是趙奉內臣費却何不言之

幷望委科道部屬、素有風力各一員、與內臣詳爲剔刷、如各項每年入若干、實用若干、剩若干、刻成一書冊、頒有新命、永不許加增、庶國用有經、而財無冗費、是經國最急務也、至于邊鎭錢糧、每年豈無冒破、內臣既有清楚文臣獨無良心、其淸査自易易矣、伏乞

聖裁、

眞聖人之言

四滌蠧根、今民蠧不越査盤訪察二事、往往言之屢矣、然言者不已、而行者不休、則曷故哉、計各處撫按衙門、每年贓罰一十七萬一千七百兩、大半從査盤訪察而盈其數、今欲幷査盤息訪察、在先減贓罰、贓罰數減、査盤自清、訪察自息、治病不求其根、病將復發矣、伏乞

聖裁、後戶部侍郎宋纁言之減贖金數萬前在省中亦言及此以與當路相阻故中格不行

五籌客兵、今天下非四夷之患、而客兵之患如雲南莽酋、雖未知平否、臣恐莽酋平、而客

眞可痛恨

兵亂何者，雲南所出，不足以供客兵之十一，各府運米至永昌，每石費銀三兩，米珠薪桂，勢將必至，嗷嗷號哺，職爲亂階，伏乞勑下雲南撫按諸臣，客兵今日而聚，他日如何而散。至如貴州十一年，巡撫副都御史劉庠，奏添紅兵一千，廣東廣西冗兵猶甚，此所謂養虎自遺患也，且時借南京戶部銀兩，協濟雲南，亦非事體，

祖宗以南京根本重地，常使藏銀有餘，以待不時之需，雲南有事，移動戶部銀兩，萬一南京有事，胡以應之，此不可不爲之長慮也。伏乞

聖裁。萬曆十七年姚兵果亂提問總兵郭子龍調按察使姜忻

六禁騷擾，焰得鄖傳騷擾，在在皆然，則莫如南京馬快船爲甚，其進貢上供各色，一船可載也，動以數船計，裝載客貨，脫逃抽分，其一船夫可三十名也，動以百名計，折乾凌轢，不勝苦楚，凡所經過處，官吏聞風而避，閭巷蕭然一空，殊可痛恨，夫馬快船之絡繹江河，亦

知

祖宗慮變生不測，意深遠也。但國以民爲本，民得其所，變將何生，民而流離，卽有舟楫，將復何之，合無勑下南京兵部，會同都察院，從長計議，每年進貢船隻，該百船減半其數，仍差一風力御史，護送至灣，以免沿途騷擾，則上不病國，下不病民，兩得之矣。內官雖驁悍，然奉承言官，乃其素性，此禁騷擾之一端也，伏乞

聖裁，後太僕卿魏時亮言之，已南京兵侍言之，卒未有堅行者，以事關中常侍故也，已兵侍顧章志言之，弊稍清矣

鄒忠介公奏疏卷之一 終

鄒忠介公奏疏卷之二

吉水　鄒元標　著
漳江　黃道周
慈谿　馮元飈　仝較
松陵　吳昌時
檇李　馬嘉植
候官　林銓　評閱

中途患病不能赴任疏 吏部員外

臣於本年三月十八日得接邸報吏部一本

缺官事推臣補本司員外郎等因奉
聖旨、鄒元標准補原職、欽此、臣自丙戌夏、以狗
馬瘵骨、乞恩歸里、臣至家、值郡邑水潦盈溢、
連年疫旱、母子拮据聚首、罔非仁恩、朝夕焚
香共祝聖壽、至去年夏、限期巳滿、臣以軀體
羸憊、方欲再懇闕廷、爲調息計、而臣母秋盡、
偶病沉篤、心神憂悴、百念俱灰、臣母稍愈、忽
蒙殊恩、補臣原官、臣望闕叩頭、不勝感激、不
勝祝謝、臣卽束裝、於四月初八日理舟赴任、
不謂臣蒲柳之質、不禁摧殘、行至江西豐城
地方、精神昏聵、痰涎上攻、飲食少進、四肢輭
弱、尋倩醫士歐陽昭眕視、僉謂臣禀素弱、須
在家再加調理、始克有濟、臣伏自念、受
陛下特達之恩、上不能效絲粟之補、當老母桑
榆之景、下不能徼一命之榮、不忠不孝、莫臣
爲甚、正欲勉效職業、報荅君親、迺福緣淺薄、
綿疴作楚、中夜念及、五內如蒸、臣萬不得巳、
敢以實情、差義男鄒孩童冐昧奏請、伏望勑

下吏部查臣情病、別無矯飾、容臣在籍調理、
臣苟不一旦塡溝壑、自今以往、臣身非臣有
也、捐軀報國、亦所不辭、
萬曆十八年五月二十一日奉
聖旨吏部知道

敷陳吏治民瘼事宜疏 吏部驗封司
臣於本年四月內、冒病具本、差義男力請、旋
于五月內、奉
聖旨吏部知道、本部未蒙施行、劄付催臣赴任、
衆皆謂本部懸缺期年、小臣無再控之理、臣
于本年七月攜家之任、舟至鄱湖、北風連月、
臣昕夕展轉蘆葦中、往以驚逐游魂、辱
陛下賜之生還、鹿豕餘悰、辱
陛下召之華省、感國厚恩、頂踵莫知所報、竊伏

自惟人臣之義、或宣力、或矢謨、各有攸當、臣
有一得之愚、直陳君父之前、舍己從人者、得
采擇其間。人之力。皆臣力也。人己無異焉。臣
故敢條吏治事宜十欵、語云、新沐者彈冠、新
浴者振衣、當銓臣秉公持正、百度維新之日、
正嘉謨敷陳、明目達聰之始、若使臣悠悠默
默。徼一時浮榮。負平生夙學。臣不忍也。又臣
數載窮鄉。田耒之與居。鉏樵之與伍。熟知民
間凉燠狀。臣復陳民瘼八欵、夫救民疾病。譬

醫者灼艾。灼艾而不得其竅穴。受楚何益。臣
似非嘗試漫言之者。蓋人臣濟世。如拯溺。如
救焚。衆或解頤。臣心獨苦。豈得已哉。伏願
陛下、勅下各部大臣、矢心天日、純心爲國、用意
詳覽、可行則行、可止則止、臣絕無一毫成心
其間、儻中有窒礙處、重爲參酌、臣因此得曉
暢世務、通達國體、亦罔非仕學之地矣、干冐
天威、無任隕悚、
定等則

夫辯官材品、內吏非難、外吏難。外大吏非難、
外小吏難。小吏郡自同知下、縣自知縣下是
已、職遞下、明遞晴、蓋嘗論辯大吏。譬奏黃鐘
大鏞。有耳者無不辯之。辯小吏。譬聽蟋蟀之
鳴。非甚聽者。不能審其音也。易曰、雲雷屯、君
子以經綸、釋者曰、經者、比其絲而合之也、綸
者、析其類而分之也、絲雖衆多、千條萬緒、各
自不亂、臣竊謂辯小吏、亦當類此、彼小吏雖
衆、吾欲起而辯之、豈能人人耳而目之哉、大

都以撫按考語爲準。顧其弊非一途矣。有考語實謬，而以夤緣得美秩者；有預知其剌，而以賄吏書洗補，移之他人者。千態萬狀，選臣執簿，頭欲剌，眼欲昏，即欲一一而坐炤之，難矣。臣愚謂宜明分爲九等：上上、上中、上下、中上、中中、中下、下上、下中、下下。在外撫按，明以此註考語送部；在内選臣，明以此定陞除。考語上上者，陞上上，餘俱以次而推。中下者陞王府發憑，下上、下中、下下者，陞王府不必發

憑。此甄敘群吏，以簡馭煩之要道，且足以杜請謁之私，絕城社之奸。不然，難必其無漏網之弊，屈抑之嘆矣。

洗佞習

夫課吏治，全憑考語。讀其語如見其人，因其人以授之職，斯有所憑藉。臣讀典謨，君臣咨諏之詞，同寅稱謂之間，曰可哉，曰試可乃已，何兢兢致慎也。臣讀弘正間考語，猶不失先輩遺風。課一布政曰：悶悶之政，長者之度。今則以爲罷輭矣。課有司曰：志頗自勵，守亦足觀。今則以爲無當矣。每一薦牘出，抽黃對白，駢四驪六，薦者以非極揄揚，不足結彼之銘刻；被薦者以非蒙重語，不足爲已之深知。曰才與誠合，光風霽月，是周程諸賢復生矣。察其人，仕路之奸雄也。曰守遵四知，琴鶴相隨，是楊震、趙抃挺生矣。察其人，掘載埽鄉里也。曰才堪八面，北門鎖鑰，是孔明、寇準傑出矣。察其人，一籌不能寸展也。珪璋瑚璉，如金如

佞諛成風　當不止此　爲公拈出　可資嘔噦

玉，麒麟鳳凰，如松如栢，古人所以頌聖賢者，今以之譽凡夫矣。以故薦剡未乾，彈劾繼之。夫人稱執友先輩之前，猶恐一語不實，貽知人之羞，非事長之道。

陛下尊如天日，威如雷霆，儻詰實以責後效，彼將何辭以對。諸臣恬不知畏，則諂佞風熾，雖有賢者，亦爲其所移而不自覺耳。臣愚謂宜嚴敕撫按，須循名責實，無得過褒。或將弘正年間考語，彙成一冊，頒布各省，如舉業正式

之類。儻再如前虛誕，定以不敬論。不然，如蒙霧觀花，人與言兩不相習，無怪乎吏治偷隳、風俗不淳矣。

便陞轉

臣曾任南京兵部職方司主事，維時南京兵部尚書郭應聘，應聘功在兩廣，兩廣言其清厲功高，不容口。臣問之，則半生閱歷在兩廣，以故熟其地方險易，賊盜生沒，民情凉燠，故得措諸行事。臣因嘆方面不可數更易也。今

合無兩司知府，於地方夙有聲稱，其百姓欲借寇而不可得者，陞擢一以本省為主。兩院欲咨詢地方事宜，得其要竅而不逃謬，利一。本官在地方有所施為，若輕車熟路，利二。省驛遞往來之費，利三。此陞轉本省之當議也。

臣有說焉。庚辰辛巳年間，方面大吏上無重寄之望，下無引決之謀，多攻擊去。說者謂攻擊其異己者，然多當矣。議者謂失之刻。十餘年來，攻擊疏少，引決意微，積俸已久，去之不能，用之不可，不得已陞之。且濫且驟，雖他日有冒濫京堂之疏，然不過二三人塞責，漏網者多矣。臣竊謂失之太泛。合無布政使、按察使等官，許其考滿，俱具乞休疏。如生平履歷端方，才華卓犖，疏議酌陞擢；或生平無媿，年華浸盛者，量加空銜；其餘俱准致仕。中間如去畱不當，言官論捄，則退之以禮。皇路少見廓清，不至賢愚竝滯之患矣。

議久任

久任之法，自隆慶戊辰後始，宜乎宇內家給人足，而蕭條悽楚，大異曩昔，則久任之法未盡議也。臣請得熟數之。夫循良之吏，人與他相習，譬鳳鳴高岡，有耳者聞之皆喜；鷙悍之吏，人與他相戾，譬鴟嚣于室，主人悵不得早逐之為愈也。凡欲用人之力，在得人之心，使之欣然趨事，鼓舞不倦，然後惟其所欲為，而罔有倦心。今之久任在。未能使天下吏以久任為榮，而不以久任為辱耳。臣愚謂久任以

四年爲准、其更遷以二年爲准、賢者久任、使之志意得展、以待行取、中平者陞去、不然、庸者無上進之望、計日月而竊祿。奸者多憑依之誅、依城社而肆螫、是故久任可以藏奸、可以庇不能、賢者聞之解體、能者因之隳志、不幾襍鴟鴞鳳凰同室乎。

重京考

考察所以黜幽懲枉、慮稂莠不除、嘉穀不茂、若以嘉穀當稂莠、則膏腴盡成磽薄、臣丙戌

冬曾與計議末、總之以兩京各省撫按之糾覈、稍劑量其間足矣、惟是兩京考察、議論紛紜、毀譽雜出、雖孔聖復生、恥爲鄉原之行、難必其滿於人之口矣、當事者非有洞世高見、千古定力、鮮不爲所眩。臣查先朝以陸容之賢能、且爲人甘心、至今載之野史、以爲寃抑、邇者一錮顏鯨、再錮胡桂芳、萬廷言、三錮管志道、談者皆爲諸臣寃、臣竊以爲奪一時浮榮、與萬世清議、諸臣得專心幷精不朽之業

眎世之浮榮、猶一吷也、是所奪諸臣者監所與諸臣者廣、諸臣何所不樂、顧近爲國體傷、遠爲國史玷、以黜幽宏典、開報復私竇、正人君子心竊憂之、臣愚謂京察年分、不必分單咨訪、許部院各寺、糾覈各屬、以備考察、如撫按糾方面例、翰林屬之掌院、六科屬之輪流、倘糾覈不當、他日公論既明、重則削職、輕則不與甄祭、夫彼既已官成、猶不爲國惜才、使好修之夫、屈首蓬藋、足以干天和而召戾氣。

即重懲不爲過也、法嚴則人心肅、彼雖求一時之諧衆口、不能不憚他日之拂公論矣、且與其明上疏君父之前、使疏而果當其罪、是與衆共棄之也、光明正大之典、願力行之、

褒名德

古先聖哲、於幽潛沉修之士、雖在異世、猶必贈其官、錄其後者、凡以輔翼風化、匡扶世道關係非眇淺也、臣不暇遠舉、

陛下近日從祀二賢、海內爭彈冠相慶、以爲熙

朝盛事。顧有童孺知其名而未得謚，或既謚而贈官未妥，或載理學名臣錄，而未得贈一官。臣得諸三人焉，故大學士解縉，天挺人豪，國士無雙，韵宇流布海內，丹東簡在列聖，開閣元臣，至不得受易名之典，闡幽謂何？故左春坊左贊善贈光祿少卿羅洪先，少年巍科，終身退處，澹泊爲百年楷範，況修樹來學章程，所贈非其所處，尊賢謂何？故庶吉士降石城千戶所吏目鄒智，冰霜厲志，侮群奸而不

辭，慷慨持身，丧嶺表而不悔，一代名臣，仍其以吏目稱，褒忠謂何？臣愚謂解縉宜贈美謚，羅洪先宜贈禮部堂上官，鄒智宜贈館職，此清朝鉅典，而有待于今日者也。臣於今又得三人焉，故左春坊左中允張元忭，臣雖未面，心實嚮往，不欲以一第自居，矯然以古人自期，歷官居鄉，行誼修潔，允矣諸儒之章程也。齎志以沒，識者恨之，臣愚謂宜贈謚，以爲不媿科名者勸。故尚寶司少卿兼監察御史徐

貞明，政存口碑，風高瑣闥，欲爲國家奠粒食之原，櫛風沐雨，露宿野處，若身勞力，焦唇乾肺，功未成，竟齎恨以沒，所謂以死勤事者，非耶？臣愚謂宜贈官，以爲許身國家者勸。原任尚寶司少卿孟秋，容貌爵位，不能動人，惵惵眞修，臣每屆服生孔孟之時，必爲原憲之儔，其在今日，亦惓惓乎得斯道之大端矣。臣愚謂宜贈官，以爲安貧樂道者勸。內徐貞明，人或以功未垂成爲言，臣請比近例可乎？原任

工部郎中羅用敬，淮上之功，與貞明巡行阡陌，勞逸不同，人品才識，當亦有別，用敬以郎署得贈太僕少卿，貞明原係京堂，不得蒙一命之榮，將來志士寒心，勞臣解體，非鼓舞豪傑之要妙也。褒贈係驗封司職掌，在官言官，匪敢多讓，

慎撫臣

國初無撫臣之設，後以大臣出理重事，聑鎮一方，撫臣因而相仍，所需塡撫方夏，鎭綏疆

陋規情弊
批出一盤

徹、挈戴豈不至隆重哉、顧仁者惠綏黎氓、智者洗剔弊竇、能者肅敘憲紀、雖各擅所長、均不失為良臣、乃不然者。到任不問生民利病。內惟媚津要為事。書郵饋遺。絡繹不絕、外惟充橐橐為計。查盤批詞。四道而出。藩臬不問其職舉否。某有氣力。不可撼搖。陰為諛詞。結之郡邑。不問其賢否。某係進士。已經數薦。多方結納。惟之有美無刺。有舉無劾。間有劾者。不過曾經考察通判。科貢出身。陛王官數人

而已。又暴者裝飾軍功。庸者引領陞除。陛下設官之意固爾耶。臣愚謂為一省擇百郡邑之良。不如為一省擇百郡邑之長。百郡邑之長賢。聞風知畏。攬轡膽落。狐鼠自爾潛消矣。夫官至巡撫、其歷官多年。或自科道出者。建白可稽也。或自郎署藩臬出者。履歷可驗也。果獨立朝端。一無所倚乎。亦狗盜之流乎。果循循雅飭。歷有成績乎。亦庸庸竊祿。無一善狀乎。不知其人。則為不明。知其人而用之。

井井有條

則為不公。無一可者也。臣愚謂自今以往。宜令諸大臣各保薦一二人。時亂則先揮霍。時平則右介靜。積衰之後則首精明整理。之餘宜尚渾厚。無概以生事者當之。倘有不當。請坐舉者之罪。昔國初有保舉守令不當者、皆得反坐、故當時治化隆茂、田里亡愁嘆之聲、今獨不可行之任撫臣者乎、此奠安宗社之要務也、惟

陛下留意、臣竊有慨焉。繁纓小物也。孔子惜之。

倖進之門
何日始杜

惟名與器。不可假人故也。爵祿者國家之名器也、往者習尚相沿、積弊難挽、親當事、親者進、故當事、故者進、親故進、親故之親故又進。非親非故、星身取憐、昏夜乞哀者進、一人當庖。百人染指。一夫開徑。千夫爭趨。所以然者下焉者賄。上焉者情。賄者十不一二。情者十而八矣。或門生。或故吏。或桑梓。或姻婭。或年家。或世講。或舊遊。或面交。或舊治。此輩日感恩銘心吾之前。不知私門念重。公家情輕。艮

寫出小人情態如画痛快痛快

心。烱烱夜半必。薄其非端士矣。曰奴顏婢膝吾之前。不知此輩口軟足滑。軸移機轉。雲消雨散。又顧而之他矣。人為情劫。法為情斃。國家名器為情褻。試看二三十年前。列大官。博顯位。歸而語鄉里對妻子曰。誰之力乎。懼人之扼其短。反從而詆詈之。叛背之矣。又回看

轉語以示激勸

二三十年後。扶世道。維名教。果以名位為軒輊乎。果此輩瑣瑣之流乎。嗟乎。當局者迷。旁觀者醒。胸中皂白。誰不了了。特迷不覺耳。自

非洞千古之晬。堅冰霜之腸者。未易破此坑穽。握進退之柄者。臣言可以深長思矣。臣之言稍可以回狂瀾。終身犯眾怒群猜。觸心泉石。所樂為也。

搜遺逸

人臣孰不欲析圭擔爵。榮祖考光來裔。顧汲汲有託而逃焉者。上焉者潛心性命之精。次則殫精緗素之業。又次則與時齟齬。全身遠害。均之以逸稱也。彼其鍘巖而廬。據石而瞑。豈非甘采苓之適。遠矰繳之危哉。顧風俗不美。莫甚奔競。欲息奔競之途。在獎恬愉之士。今恬愉之士。臣不能悉記。一一舉之。則有帝恩之疑。臣愚謂宜詳查明。有請告過期不出。年齡清茂者。促之赴任。有壯年乞休。矢志溝壑。有曾經言事。削職為民者。量為酌用。使天下曉然知朝廷之上。意在憐才。而無有一毫成心其間。此熙朝之盛事也。臣請畢其說。爵祿富貴。天之所不靳。聰明才智。天之所不輕

畀。蓋百人中而得一焉。用才者宜體上天生才之意。國家得才之難之故矣。臣讀詩至白駒之章。未嘗不嘆當時之輕於棄才。讀摽梅之章。又未嘗不嘆用才者之貴及時也。

聖朝彌天罝羅。休休乎如天之無所不容。無令空谷有白駒之嘆。庶士有求我之嗟。臣願拭目。

審邊臣

邊臣者。下而邊道。上而巡撫是已。苟得真材。

一字不誣
朝廷不負邊臣邊臣何意不思
報效
今日正當用此法

鎖鑰攸托、徒冒虛聲、邊釁彌叢、臣嘗察今之
邊道矣。引彊超乘。鷹鷙電擊者固有。亦有庸
懦之流。未覩韜鈐何物。近惟奉巡撫顧指。惟
其東西不敢違越。內惟媚津要奧援。四時起
居。如奉祖考。虜至閉關。括金錢。縱所欲而去。
虜退開關上。功狀邀上賞。不數年巡撫矣。又
嘗察今之巡撫矣。無異前邊道所為。稍揮霍
者。飭以文墨。哆以宏議。間有微捷。張煌功伐
以覬殊旌。不數年總督矣。宮保矣。家贏金錢

世襲緹騎。後邊事大壞。而不可支。彼且付之
罔聞矣。然此輩非秘謀。嘗不得而至焉、臣愚
謂當審其閥閱、其陞邊道。以曾任兵科。或職
方邊郎。或曾任邊郡縣。熟知夷情者。陞巡撫、
非歷邊疆久、功伐高、不得遽陞、不然、是視塞
上為終南。抱壅腫之軀。掀青黃之髯者。乃綰
金玉之梯階也。此輩何利何幸。而列十三省
方面。多碌碌以去。諸臣亦何不幸哉。
恤遠臣

荒烟滿地天遠聽高
慷慨淋漓如泣如訴

兩廣雲貴、吏茲土者、悉謂之遠、兩廣滇南、文
物埒中土、俸餼稍厚、以故人多樂居之、惟是
貴州、僻在亥步窮處。黃茅嵐氛。猿猱為伍。士
人聞命。有投牒不往者。有既赴鬱鬱死者。臣
請備言其艱辛之狀。臣往見都勻一驛丞、南
京人也、懸鶉百結。乞食道死。又有麻哈等州、
衛齋荒蕪、舉目凄涼。而獨山知州吳譽聞者、
文學吏事。亦自名家。夜篝燈同妻子守孤印。
皆含冤被論去。視諸臣。餘可知矣。臣每撫膺

太息曰、
聖天子明見萬里外。忍使諸臣困至此極耶。勞
逸不均。北門大夫不免。以之興歎。今之情。豈
異古耶。臣愚謂司銓者。宜斟量其間。除方面
知府知州知縣外、如各衛經歷吏目等官、或
陞或選、宜以四川湖廣雲南三省人當之、蓋
三省風氣接壤、視他省稍習、如或居官稱職、
其陞遷視他省量速一年、庶幾雨露無不被
之澤、遠臣無向隅之泣、報禮有不重者、未之

逼眞

信也、臣又惟官有大小、圓首方趾、秉靈含知、
與大臣無異、在為大臣者、體恤之否耳、臣在
部、每見倉官來考滿者、列東西廊、幾數百人、
有龍鐘不能寸步者、有魁梧衣不能掩形者、
有面無人色者、千態萬狀、觸目寒心、中間欲
微微祿養妻子者固有、因生平奔走風塵、欲
博一秩以榮鄉里者、未必無也、臣因退而思
曰、人主官人、猶人之植物、植之高岡則高岡、
植之汚澤則汚澤、物之性寧有高下哉、且今

為害小而受禍深者在散吏無非借以示公已

之負國病民者、不在冗散之吏、冗散之吏稍
有微瑕、得操三尺議其後矣、是不可稍為之
寬乎、臣愚謂倉官陞選、一以本省為主、考滿
固不容廢、然既經院道查核、領文赴部、不知
可停止否、儻可停止、閱其考語優者推陞、餘
因其年力、量加名色致仕去、亦恤小臣之一
端也、又臣見巡簡將考滿時、若無功狀、多方
搜索、以圖優擢、臣愚謂巡簡有功、固當優擢、
即無功、而年力才華、考語俱優者、間擢一二、

秤頭之弊過不在有司是欲一洗其源矣

一以為生事者戒、一以為安靜者勸、
秤頭之苦、
今秤頭之弊、三令五申、節屢
明旨、不可息者、曷故哉、則有司之過可原焉、昔
掾吏治之權在兩院、今掾吏治之權半兩院、
半在內矣、一讐忌之口、得而簧鼓之矣、有甘
心恬約無所攀援人、稱其賢乎、昔評賢否在
小民、今評賢否在士夫、在過客、士夫過客、不
皆賢者、往往以情識為毀譽、以故有司竭意

傾承、折席下程、分若固有、止博一揖而已、果
盡入囊橐乎、堯舜生今之時、不能必不善者
不惡、時當行取、訪單稱賢、較若畫一、而後得
取、曾有考滿、朝覲、而不通京貴乎、既示以多
途、雖賢者不得不竭力多途應之、臣故曰可
原也、且布政司法馬、輕重不等、又止一副、小
民有未識法馬何狀者、又曾經庫書庫吏、糧
科等役、廣置膏腴、新進書生、為其所愚、臣再
曰可原也、今欲息小民秤頭之苦、請寬苛察

之門兩院評賢否不必以過客士夫爲的據吏部定行取不必以詢謀僉同爲去留一以兩院爲主參以吏科河南道議論餘不必遍與知行取不當是吏部過聽兩院兩院之不職也該科糾舉兩院何辭或曰行取不必六科十三道詢訪似失其權不知外而薦舉臺臣之責內而糾舉省臣之責權未始假借也其法焉仍乞勅下戶部示布政司每縣須發十副令小民得知趨向兩院課吏治以此爲

撫守第一義庶幾小民稍得息肩不然如蠶食桑不盡不止

虛糧之苦

小民或徙他鄉或獨攀號無從莫甚虛糧臣竊伏巖谷再三籌度有可爲小民息肩而不必於清丈者請爲

陛下陳之往丈田役興蓋欲爲小民息肩而小民未必得所豪家反受其蓋何者豪家勢多出有司上有司懼撓成議不但不盡丈其田

且以餘糧送入其戶臣嘗有言丈田之法縮此伸彼利東害西未覩其全利也夫身之病必有所繇起糧之虛必有所繇來知此而民貧可甦矣蓋民之糧有急於燃眉緩於恤後則有減賦額以售者矣有司受其詞察其故責令富戶收回此一策也有水推沙塞昔成膏腴今成蒿萊者矣夫此塞則彼通此荒則彼闢有司察其開墾令起新科亦足以抵水推沙塞之數此又一策也嗟乎非實有家天

下子萬姓之心不能悉心任其責在嚴勅兩院大吏留意耳惟司國計者長議

繇票之苦

繇票者戶部所頒徵輸則例是已民何以稱苦也其例本一近省郡則與各郡異附郡縣則與各縣異至縣則又聽糧房私爲加增始而主惑害及尋丈始而一人害及萬姓縣官有才而察其奸者曰非此無以補虛究其極虛未補半入吏胥之手矣臣往聞有欲爲一

郡造福者、聞則例至、皆斂金以求散之他邑、是知者何幸、愚者何不幸乎、又臣往接戶部尚書耿定向、語臣曰、渠撫閩時、錄票得副使鄭汝璧、而一省造福、渠嘆服不置、今非無散票於下者。能必委巷皆聞知乎。非無徼板於上者。能必其不私加增乎。其所加編者。能必其不入己乎。臣愚謂宜勑令糧儲道、務實心任事、嚴相覺察、勿令窮鄉下邑、有偏重之弊、加額之苦、如有前弊、坐以不職之罪、

積荒之苦、

臣讀孔軻氏曰、民有饑色、野有餓莩、老弱轉乎溝壑、壯者散之四方、以為此或危詞動時君之聽、乃今數載。孟軻氏語。猶不能述其詳耳。埜廟荒齋。栁岸長堤。一日報死數千人者。

賴

陛下德意、有司奉行、蒸蒸艮厚、卒不足以回天意者何哉、則積荒之漸也、臣省今年四月不雨、民稍有早穫、無秋收矣、長此遭窮、若一一

懇

陛下發內帑以濟、內帑有限、一一緩常賦以濟、常賦不可闕、一一勸借富民、富民皮骨且盡、此三者不可常恃、臣聞古無常豐之歲、有常豐之政、何者、積之豫也。臣再三審思、除各縣各鄉多建社倉、雖有管葛、不能濟矣、今各郡縣、止一二倉、有司每以積穀為苦者何哉。罰贖不得入己。動稱不便。為之下者。以倉屬上司。日查月稽。時問罪贖。亦稱不便。今欲建無

窮之計、臣竊謂宜勑下戶部、行各省從長計議、如一縣幾鄉、一鄉或建一倉、或鄉濶建二倉、或一倉積穀若干、兩院近行節省、所罰罪贖、或助為買穀張本、或冠帶尚義者、或生員監生吏典富民、欲追榮祖父者、各聽納穀若干、從長計議、每年如何而收。如何而散。或年不甚荒。不必發散。或每年出陳易新。兩院提郡邑。如父之顧子。郡邑提各鄉。如子之殖家。不三年且有成矣。夫天下無不可為之事。顧

擘畫至此足見體國苦心

在人眞心何如耳。昔人云救荒無奇策臣云。救荒在有眞心若有眞心何事不可爲。不然民有衣寶玉而死者矣。

科場之苦、

陛下痛往年科場之弊、特差翰林科部、一旦釐而新之、德意甚善、顧可以新一時之耳目。而不可以定垂裕之宏謨。何者。今天下民力竭矣民財盡矣省一分。民受一分之賜。不擾一分。民受一分之惠。

陛下遣近侍諸臣。分道四出驛通支應有司承奉。經過各處。不知其幾本省之費。又不貲矣。此皆民之膏脂。

陛下所未盡悉也。若以其弊當革。當時止一二作俑。餘俱廩廩可查。若以臺臣難託地方彈壓更有大於此者。

陛下且付之矣。昔巡邊止數科臣耳、

陛下亦以惜費省事爲言、今一年且二十餘人矣、臣以爲宜併臺臣、便省無窮浪費。杜爭競私意甚盛舉也。儻臺臣徇私不公。處以窮極更復何辭諸臣挾挾藻鑑英之時名。懷以人事君之熱念。必以臣言爲無當。臣請析之曰、人貴自樹耳。一切桃李皆塵世艷目過而不留臣昔親覩座主身目不避門生惟恐汚其身而反詈之者。又有忘其姓名者。此非所稱門生者哉。已可以爲松與栢顧欣羨穠桃夭李何左也、

積疲之苦、

今之人皆知救荒。不知救疫。疫者荒之因也、民饑餓中虛。濕邪相蒸。始一人、終千百人、始一隅、卒窮鄉極邑、西江會城、數月八千有餘藁葬。餘有主者可知已、臣邑月一城門出五百人、他邑又可知已、臣以爲此西江則然、及舟經南直隸等處、强村巨室。悉成莽蒼。甚至父子不相顧、兄弟不相往來、嗟嗟。天何使民。至此極哉臣郡邑。賴各官竭力。布醫施藥、稍緩須臾、不然。城廓不幾丘墟乎。臣因悟曩之

死者皆枉也。故先臣有言，惟疫與大兵，修短
不可以言命。雖然，握宇宙元元之命者在
陛下，陛下往聞畿內小民疫疾流行，施藥以濟，
小民焚香籲天，共祝聖壽。今此海內之民，均
陛下赤子也。夫捐帑藏濟民，所施有限。臣愚謂
宜勑各處撫按，每縣于歲編內，編派濟疫銀
一款，一縣或二百兩，或四百兩，每石糧不過
毫末耳。如疫疾流行，召醫在各處施藥，年年
如是，活一人，得一人，活一方，得一方，不然，與

饑民均死耳。至各處名醫，亦宜搜訪，起送赴
部聽用。有便民濟疫全書，亦願廣布民間，以
溥聖惠，以度群生。此非臣之迂談也。宋有惠
民局，我
祖宗有醫學科，今特一振舉之耳。

清軍之苦。

今國家軍伍空虛，勾單時發，卒無裨戎伍者
何哉？一單至邑，清軍廳視爲奇貨，票發各里
役，不得賄不止。又司事者陰藏原籍，故爲裝
陷，無爲有，虛爲實，逐都逐圖，名曰挨，無不厭
其欲不止。一軍起解，各里甲斂金錢作長短
費，本軍至衛，掌印以下，鎮撫以上，不罄所攜
不止。旣著伍，復得錢縱之歸。何者？遊民頂役
坐食月糧，則清勾無裨軍政，有損小民明矣。
臣聞謀國者云：欲實軍伍，莫若隨地招補。招
補一名，明書原軍名下，卽與豁除老軍之數。
炤詳知會，欲除里甲妄勾之苦，在十年一刋
定軍冊，如戶部十年造黃冊例，府縣司部，各

存一冊，儻有清勾，有無虛實，炤冊施行。雖有
黠猾，不能爲民害矣。惟
陛下垂聽。又貴州雲南二省，原無驛夫，以軍爲
夫，道里長遠，山勢險峻，每夫一名，幇貼數名，
始得成役。晝不得力耕，夜不得安枕，月支米
不過數斗，亦良慘矣。國初屯戍額五千名，今
清平衛不過二三百人。昔何以充？今何以耗？
此其故不難知已。臣愚謂宜勑該部，乘此清
時，一洗民間清勾之夙弊。至雲貴以軍代夫，

合無行彼處撫按官、乘此清閒、悉心議處、以杜後患、每月量加月米、以恤其苦、此柔遠寧邇之長策也。不然、他日有不可知者矣。

驛遞之苦、

諸臣條驛遞事宜甚具、顧臣有遺論焉、夫壞驛遞者、不始外官。而始京官。京官不始他衙門。而始要路諸臣。

陛下縱欲查考。不過將別衙門一二應數而已。餘未之能革也。然其情可原、外官俸有盈餘、

京官俸甚薄。往返百餘金始得。而京官能辦乎。詞林科道諸臣。需之珥筆秉憲。而使之蒙塵道左。事體果肅乎。以是知驛遞不難革弊而難處置得宜。夫處置得宜。在通臣工之情耳。臣工之情。與古人不甚相遠。往兵部覆疏內、方面京官、有司差人護送、量給薪米、是已洞燭臣工之情矣。臣往聞兵部尚書譚綸建議云、驛遞難處有二、其一兩司、其一六部、大理寺屬官、兩司各有勑書、六部間有差遣、例得應付、惟兩司部寺諸官、或無勑書差遣、如丁憂養病陞任之屬、當恤其情、合無丁憂、則於所領勘合上、養病則於所領路引上、陞任在家在京、則於所給劄付文憑上、給以夫馬小票、餘遺牌者、坐以重譴、則冒濫之風自息矣。且與其陰與之重驛遞之蠹、不若明與之清假借之弊、相傳以為練達名言、或曰、如是與馳驛奚異、不知馳驛奉有特旨、廩給夫馬數倍常額、若以應付為馳驛、雲貴廣西小吏

應付之任、亦可比馳驛耶。窮則變。變則通。通則久。今正其時。不然。即月易歲更。其弊猶不可忍言矣。伏乞謀國者從長而計議焉。

萬曆十八年九月初三日奉

聖旨該部看了來說

附戶部覆本

太子太保戶部尚書石星等謹題，為敷陳吏治民瘼事宜，懇乞及時修舉，以隆治安事。廣西清吏司案呈，奉本部送戶科抄出吏部驗封清吏司署員外郎事主事鄒元標奏前事等因。奉

聖旨：該部看了來說。欽此。欽遵，摘抄到部，送司案呈到部。看得吏部驗封清吏司署員外郎事主事鄒元標，條陳秤頭虛糧、繇票積荒之

苦四事，議欲查革設處，蓋緣本官家居之時，目擊吏治日敝，民生日困，多繇前弊所致，與臣等聞見，似亦有同，相應開列前件，酌議覆請，恭候命下本部，通行各省直撫按衙門，一體欽遵着實舉行等因。萬曆十八年十一月初五日具題，初七日奉

聖旨：依議行。欽此。

一、秤頭之苦。

前件，臣等看得部臣鄒元標條陳有司加收秤頭，交通士夫過客，希圖廣譽，為行取之地，議要行取，不必盡憑六科十三道，只以撫按吏科河南道為主，仍要布政司每縣降發法馬十副，使小民得知趨向，撫按課吏治以操守為第一義一節。除行取事係吏部，不覆外，為照秤頭之弊，節經諸臣建議，本部題覆，不啻再三，即今有司潔己愛民，出納無染者固有，而扣取羨餘，結交營私者實多，此而不察，損國家之元氣，竭百姓之脂膏，恒必繇之矣。

部臣鄒元標，目擊時艱，條議及此，深為拔本之論。所據多降公平法馬，於各府州縣，令小民知所趨向，貪吏無容染指，相應依議，合移咨各省直巡撫，及咨都察院轉行各該巡按御史，通行直隸府分將公平法馬各州縣每降二副，浙江等各布政司，降各府州縣各二副，仍曉諭小民，凡徵收錢糧，皆以公平法馬為準，其起解至司府，亦以原降法馬秤兌，併不許分外毫釐多取，違者坐以贓論。至於各

該撫按課吏治、必以操守清濁爲殿最、不得過聽交結浮譽、以開剝下自利之門、其不然者、許科道有聞指名糸究、伏乞

聖裁、

一虛糧之苦、

前件臣等看得部臣鄒元標、條陳往時丈田、縮此伸彼、利東害西、小民未得其所、豪家反受其益、議要有司嚴行稽覈、收回餘糧、及清查新墾之田、以抵坍塞之數、各一節、爲照我

國家之制、有田必有賦、有賦必有額、損則虧

國儲、加則害民生、故田糧飛詭者、必懲之以法、而水坍沙塞者、必查實開豁也、嘉隆以來、虛糧本多、奸豪有不賦之田、良民包額外之糧。自萬曆十年、節經諸臣建議、通行清丈、賦稅已歸正額、田地已得實數、今部臣鄒元標、以往時丈田、有將餘糧送入豪勢之戶、小民尚受虛糧之苦、條議及此。必有眞見。至于各處沿江邊海地方。桑田滄海。變遷靡定。有昔係膏腴、而今爲艸莽。有昔爲深澤。而今爲丘陵者。適今正當大造之期、合無咨行各省直撫按、督行司府州縣各掌印正官、諭令各屬官民人等、凡假以坍江事故爲名、飛派各戶、以致有田而無糧。及糧多而田少者、許首告。查覈明的。歸還原主。許貰其重罪。如有新漲沙洲。居民曾經開墾而未起科。及荒蕪未墾者。責令軍民人等開墾佈種。通炤例起科。或補水塞之數。或增稅以充裕國儲。軍民兩有

攸賴矣。伏乞

聖裁、

一銖票之苦、

前件臣等看得部臣鄒元標、條陳銖票、戶部所頒徵輸則例、其例本一、今各郡邑有異、議要糧儲道實心任事、嚴相覺察、勿令窮鄉下邑、有偏重之弊、加額之苦一節、爲炤銖票之說、葢以便輸納、杜加派、欲百姓無偏重之累、法至善也。案查先于本年七月內、該科臣張

貞觀條議催徵五弊、本部覆議、通行各省直撫按、轉行所屬司府州縣、今後催徵、務將每年額派稅糧、備細開載赤曆、仍每戶各給繇票一張、與赤曆相同、如人戶納過數目、即於赤曆中塡註某年月日收銀若干、給付收票、以杜侵欺等因、覆奉欽依、通行在卷、今部臣鄒元標復議及此、查與前議相合、相應再行申飭、合無移咨各省直巡撫都御史、及咨都察院轉行巡按御史、通行糧儲道、嚴督府州縣掌印官、務照原題事理、每年將額派稅糧等項數目、備細開載繇帖、用印鈐蓋、亡論城鄉小戶、各給一張、使其得以照數輸納、永杜加額偏重之弊、仍不時嚴行稽查、如有里糧人等額外加增蠹民等弊、重加究治、若有司視爲故習、虛文塞責者、撫按司道、即坐以不職之罪、叅究、伏乞

聖裁、

一積荒之苦、

前件臣等看得部臣鄒元標、條陳積荒之年流離餓莩、轉死溝壑、賑貸莫及、深可憫惜、議要多建社倉、將撫按所酉罰贖、或助爲買穀張本、或冠帶尚義、幷生員監生吏典富民、欲追榮祖父者、各聽納穀若干、預爲積貯、各一節、爲照有備之國、凶歲不能爲之災、故今制有社穀之設、所當預圖、不可少緩者也、案查先該科臣吳之佳條陳、議復社倉之制、要民各自爲積、擇里中賢者主其事、官不爲擾、近該科臣劉弘寶條議廣積穀一欵、本部覆議將撫按酉賑二分、幷庫貯堪動各諸無碍官銀、趁時糴買貯倉、仍查所屬境內、果有尚義捐貲、以致社倉充盈、足備緩急者、即行奏表、以示風勸、如里社無好義之家、有司非可委之人、勿得借名攤派、致滋煩擾等因、俱經題奉欽依通行訖、又查得萬曆十四年、題准義民輸粟事例、八百石以上、列名具奏、動支官銀叁拾兩、自行建坊旌表、係白衣者、仍給與

冠帶、百石以上、給與冠帶、百石以下、至五十石、給與尚義牌扁、各量免本身差役、有司不得濫行差委、等因在卷、今部臣鄒元標條議冠帶尚義生員監生吏典富民、輸穀要行從長酌議、誠思患預防之計、且查與前議相合、相應再行申飭、合無通行各省直巡撫都御史、及咨都察院轉行各巡按御史、督率有司、查每州縣幾社幾鄉、照社鄉大小、每社鄉各建一倉、或二倉、除將罰賑二分贓罰、併堪動

銀兩、乘果穀賤、糴買以實社倉外、仍遍示通衢勸諭、如有尚義生員監生吏典富民人等願輸粟備賑者、有司即行開報撫按、照依萬曆十四年題准事例、從實奏聞、以輸粟之多寡、為旌表之高下、但當聽從民便、不必一概强行。如有司假以勸諭為名、科派害民、陽為備賑、陰滋囊橐者。撫按司道訪實、指名參究、至於出陳易新、當倣常平之法、穀貴則減價以糶、穀賤則增價以糴、仍因時歛散、勿致浥

爛、各該有司、果是眞心惠民、荒歛有恃者、撫按從實奏請陞用、再照積荒之後、必有災疫、如今年安慶廬州等府、死亡過半、尤當加意軫恤、此後各省直、有遇重大災疫、許令各府州縣、作速申文、合于撫按、即許便宜動支社倉積穀、及本部事例義輸等銀、病者或給衣食、或買藥餌拯救、死者或買棺木、或設義塚殯埋、事完通將用過錢穀、救過災民實數、具本奏聞、青冊送部、本部查果救濟有實效、錢

糧無虛破者、將各司府州縣等官、特行薦舉、紀錄優敘、其撫按請旨簡擢、仍乞特著為令、永遠遵行、伏乞

聖裁、

開戶醞藉

小臣獻忠疏吏部主事

臣聞明主不以言之繁瑣而忘聽納。蓋臣不以身之疏遠而忘規誨。大言小言。罔有成心。當可而聽者。明主包荒之大度也。或遠或近。不避嫌疑。芹曝畢獻者。人臣報國之急務也。臣丙戌夏。違遠闕廷。雖嚴居川游。聞

陛下勵精圖治。喜見顏色。自今春迄于夏秋。聞

陛下朝儀久曠。群臣莫覯天顏。章奏動至留中。近雖勉從輔臣之請。殊非昔時勤政景象。臣

欲陳忠

陛下之日久矣。念抱痾巖岫。恐來干澤之譏。遙望九重。徒切杞憂。茲

陛下不以臣爲不肖。復錄用臣。誼不容默。臣聞

陛下之不視朝。或少從進言者。以

肅皇帝晩年故事爲言。竊以爲非也。臣未及事

肅皇帝。長老道

肅皇帝早年臨御。宵旰勤劬。庶務畢舉。威命在手。羣工震懾。當其時家給人足。邊鄙不聳。特

晩年偶倦于勤耳。然晩年御批御劄。或一時數下。或一事數下。故卒能嘉靖殷邦。然不視朝一事。

止此數語足廑憂虞矣

肅皇帝晩年亦且悔之。今天下何等時也。埃塵相接。饑饉載道。馬市未可盡恃。外務所在空虛。

陛下晝日三接。猶懼不足。以登上理。以

肅皇帝故事進言者。非愚則諛。夫五帝三王。兢業致治。載在典謨。

二祖

追思往昔美不忘規

列宗。憂勤裕後。載在國史。臣無暇贅。臣請頌

陛下。臣爲給事時。憶拜舞完。霜霰交侵。月光冉冉墮衣裾也。臣私語曰。此何異

孝宗朝景象。又

陛下因陝西道御史董子行疏。召二三大臣商確。時工部尚書石星。任都察院。紀召對盛典一通。寄臣留都。留都爭相傳頌。以爲

熙朝盛際。又

匡衡抗疏中壘陳書眞誠懇到不覺其言諄諄使人讀之惟恐其盡

陛下初臨御時年才十齡朝講日親山谷傳頌
中國聖人卽古帝王亦何多讓今聖齡方壯
遽違前志臣竊痛之千金之子一日不出里
閈臧獲有跳梁之患百里之吏一日不坐堂
皇吏胥有舞文之患萬國萬姓係
陛下爲安危者何止一家一邑窮奇饕餮之徒
懷奸以伺
陛下者何止臧獲吏胥已也一日不朝則堂陛
情隔堂陛情隔則忠良諫阻忠良諫阻國事

有不可知矣臣誠願
陛下味孔氏一貫之訓翫孟氏九仞之譏取魏
徵十漸之疏畱神詳覽臣不勝大幸如玉體
未充神情未暢講學一事養德養身切務乃
者日講亦廢經年玉軸牙籤竟成塵積廣廈
細旃之上無儒臣之跡久矣是經史爲贅疣
而講讀爲虛設也夫聖經奧深史義蔓衍或
陛下所熟聽臣聞諸子之學入聖之津梁也如
宋儒周敦頤之太極圖闡陰陽動靜之機發

學問淵源疏中流出

主靜立極之旨程顥之定性書謂性無內外
謂學先識仁張載之西銘訂頑朱熹之正心
誠意陸九淵之學在先立其大眞足以滌性
靈見聖眞不知儒臣曾以是進講否昔張元
禎講太極圖諸書
敬皇帝欣然曰天生斯人以開朕也今儒臣中
豈無績濂洛之旨如張元禎輩在鼓宮宮應
鼓商商應惟
陛下用耳夫人之常情遇燕安幽僻則肆遇大

醇儒之言可銘講席之上永作箴規

廷廣衆則肅遇正人端士則難親遇便辟使
令則易就人之精神以肅而歛以肆而放以
正人端士而鬭苦口之言以便辟使令而受
壅蔽之害此不可不爲之長慮也夫使
陛下日親講讀而聖躬不泰聖懷不暢臣請甘
伏欺罔之誅臣願
陛下留意臣又聞太子天下之本重太子所以
重宗社也故
宣宗三年卽立

苦語危詞

英宗爲皇太子。
憲宗十一年。卽立
孝宗爲皇太子。
孝宗五年。卽立
武宗爲皇太子。豈爲是私憂過計哉。誠見儲位
不可久虛。國是不可久搖。人情不可久違。爲
根本計耳。考
列宗立時。維
孝宗年六歲

皇太子睿齡日增。無論視
英宗
武宗之少者。已踰其數。卽視
孝宗之六歲。亦已加之矣。庶民之家。欲其子之
固門戶。世世勿替。則必爲之延明師。良友以
培其德。矧太子將來宗社所依託者。今宮中
係護不知有幾。覃吉輩臣竊謂宜令出而與
諸儒臣日相親也。先是
陛下允諸臣之請。亦旣有年。而未聞渙德音。頒

善解連環
無邪亟求
冊立

明詔。筮日舉行。臣知其故矣。蓋諸臣之請。或
在潞王未封之先。故未能亮
陛下同氣之愛。或在潞王同封之年。未能亮
陛下愼重之意。臣讀易至主器者莫若長子。故
受之以震。又曰。震東方也。未嘗不躍然曰。此
先聖之格言。而後世建儲之龜鑑乎。明年孟
春。爲歲之首。歲復建卯。卯屬東方。天人之協
謀莫此爲吉。願
陛下召公侯駙馬伯。閣部九卿科道諸臣。勿謂

小臣無足重輕。如臣言果有根據。明春果係
上吉。早賜冊立。內消悠悠之口。外慰喁喁之
衷。禮達分定。名正言順。鞏皇圖于萬年。祝聖
壽于無疆。臣退臥艸莽。實有餘榮。臣自入仕
籍。浮名爲累。方欲退藏于密。官列郎署。始願
不及。媿無寸展于時。臣毫無所爲。天日可鑒。
惟是受
陛下特達之恩。懷犬馬報主之誠。故冒病上陳。
惟

惶懼不得獻納公亦無可奈何已

陛下哀臣滿腔血誠憐臣半生苦跡寬斧鉞之嚴誅來小臣之深計臣無任瞻依懇禱悚懼之至

乞改南疏 吏部主事

臣以江南陋品羸孱餘生荷
陛下過聽諸臣之請錄用愚臣臣於五月專差義男懇疏而本部尚書宋纁劄付催臣赴任臣習君命不俟駕之義遵小臣無屢控之禮體閣部臺諫連疏推轂之誠念銓曹劇司懸缺期年之久瞻戀淸時幡然就道臣於本年十月二十日到任臣原未奉母同來擬暫隨班行明春爲乞南計不謂臣體質脆弱先是

舟過淮安偶爾一跌血涔涔被面創左成一痕馬上迎風頭骨如刺醫者云北地風高氣寒須靜攝數月始得全復若在南方不藥而愈臣復思數年依母朝夕拜違母時母雙淚如雨呼臣曰阿兒行耶臣執臣母袖曰行當請南同母朝夕耳臣兄從旁決曰若南老人可來爾亦可無萬里憂母顔稍解臣近迫病體遠思親言眞有不能頃刻安者臣進羽鵷班纔滿一月何忍懇懇言去進退左右惟上

所命、何敢悻悻求去、顧內有攻心、勢難從事。維南與北、悉皆王臣、臣所以不得不哀鳴君父之前、臣査得本年十一月內刑部郎中陸長庚、懇恩改南、臣事體與長庚同、伏乞勅下吏部、査南部屬有相因員缺、容臣奉母供職、臣子之道兩全、忠孝之願不違、北望闕廷、曷勝祝願、

時已具疏聞部中疏催及科道疏催暫止即得命矣

乞回籍疏 南刑部添註主事

臣萬曆十四年、以吏部驗封司署員外郎事主事、具奏給假回籍養病、十八年起補前職、本年因前病未愈、具疏再告、該部未允覆行、臣隨即赴任、是時臣以急於趨承、未得將母、及到任一月餘、正已具疏、將再請間、蒙恩調臣南京刑部、臣欣聞新命、實協前情、謹遵憑限、於次年四月十一日到任、臣仰荷恩慈、微祿數載、臣母康健、實切感戴、臣即捐糜、其何能報、乃自到任至今年四月內、實歷俸三年、炤例考滿、以南京部院考覈給文赴部、臣即日束裝、自南京送母還鄉、尅日赴部、行至豐城地方、緣臣體質懦弱、年來偶嬰滯疾、因還家親戚踵至、接應稍煩、舊病頓發、吐痰每至數升、頭目眩暈、左手酸軟、精神恍惚、志意灰頹、延醫袁春等調治、咸謂必須靜攝、庶可望痊、非歲月間能保無恙、臣聞言不覺泪下、臣登第十有七年。臣母已踰七望八、風燭之年。

朝夕難保、誠欲赴部僥倖復職、喜沾一命。報
毋劬勞。竟以狗馬殘軀。力不能强、仰負君親。
寢食不寧。臣查得萬曆十四年、南京兵部給
繇職方清吏司員外郎薛士彥、中途告病、蒙
吏部覆准回籍、臣事體與士彥相同、而臣病
勢尤過之、謹瀝陳具疏、伏乞天恩勑下吏部、
容臣回籍調理、臣得息黔補劓、倘保餘生、圖
効犬馬、猶有日也、
萬曆二十一年九月初三日奉
聖旨吏部知道

附吏部覆本
吏部爲給繇中途患病危篤、懇乞天恩俯容
回籍調理、以延殘喘事、考功清吏司案呈、奉
本部送吏科、抄出南京刑部廣東清吏司添
註署員外郎事主事鄒元標、奏前事等因、奉
聖旨吏部知道、欽此欽遵、抄出到部送司、案呈
到部看得南京刑部廣東清吏司添註署員
外郎事主事鄒元標、奏稱給繇、中途患病危
篤、乞要回籍調理一節、爲照本官立志惟聖
賢是期、處身以世道爲任。凡在人倫。莫不相
與喁喁。望其柄用。乃者考滿給繇、中途偶疾、
輒欲乞歸、似難聽允、恭候命下、行令本官沿
途調理、前來赴部等因、萬曆二十一年九月
二十三日本部署部事左侍郎蔡　等具題
本月二十五日奉
聖旨是

懇乞休致疏 南刑部

臣以考滿給繇赴部、臣偶感疾病、曾控徵忱

願乞骸骨、蒙

陛下下臣疏吏部、吏部有沿途調理之請、蒙

陛下俞允、臣得部檄、自謂優游歲月、何恙不愈、不謂去冬、臣鄉偶發大風、臣冒風疾、誤投補劑、遂致晝夜發熱、幸投下劑、月餘稍起、又自謂方春和時、或可入都以聽黜幽、不謂今春天寒、視冬猶甚、臣冒寒雨、遂中肺疾、鼻塞聲

重、衄血旬餘、今雖稍愈、然左耳眩鳴、形枯髮槁、臣審身相機。自度非用世之器矣。臣查得吏部職掌、弘治四年題准、凡自願告退官員、不分年歲、俱准致仕、又嘉靖十年題准、今後內外官員有疾、願告致仕者聽、臣謹以血誠上請、伏乞勑下吏部、查臣別無違礙、容臣以原職致仕、如謂臣徒負浮名。涓滴無補、願削臣職。臣得與田夫野老。詠歌太平。皆

陛下之賜也。臣聞犬馬戀主。葵藿傾陽。物固宜

感激何限

然。人獨無心。臣受國家作養再生之恩。掛名仕籍十有八年。臣豈不欲從容遲回、以圖竭盡駑力。顧身嬰沉痼之疾、外覺從事之難、臣心灰情冰。萬不得已而有是請。其所未報之

國恩。未酬之洪造。或俟銜結以完宿因而已。

萬曆二十二年三月二十八日奉

聖旨吏部知道

一覆爲公敘出履歷際遇宛轉迴翔無非嘆惜

附吏部覆本

吏部尚書陳某等，爲久病深固，調理罔功，懇乞天恩，特賜休致，以全臣節事。考功清吏司案呈奉本部送吏科抄出南京刑部廣東清吏司添註署員外郎事主事鄒元標，奏前事等因，奉

聖旨：吏部知道，欽此。隨該吏科抄參，本官精忠貫日，勁節凌霜，聖明早已賜環，海宇仗爲砥柱，即嬰微痾，不妨靜攝，何得因疾便爾乞休。

所據奏詞難以遽准，抄出查行等因到部，送司。案呈到部，看得南京刑部廣東清吏司添註署員外郎事主事鄒元標，奏稱久病深固，調理罔功，懇乞休致一節，爲照本官始成進士，以糾故相杖戍瀕死，及

皇上甫親政，即鑒其忠，取而用之，繼又稍示裁抑，而玉成之砥柱，郎署中積至今日。去杖戍日十八年矣，蒙召用以來十二年矣，即調南部亦已逾三年矣，懲創日久，蘊藉日深，其感

恩報國之念，正當及時自效，以畢致其忠，即

皇上夙昔出諸九死而陶育諸一紀之上者，亦當及時敘擢而畢收其用。所據乞休，似難聽允。且本官以考滿便道送母還籍，即有微痾，不妨從容調理，合候命下，行令本官稍加調理，待痊可起考，臣等仰體聖德，遇有相應員缺，酌量推用，伏乞

聖裁。

萬曆二十二年四月 日

給錄比例懇乞天恩疏 南刑部郎中
臣以癸巳給錄、再奏乞休、隨該部覆、未奉綸
音、臣削跡衡祉、菽水娛親、無復雲霄之想、忽
于六月二十一日、有報臣起陞本部廣西司
郎中、臣未敢信、七月中果見仕籍、臣望闕焚
香祝謝外、臣以樗櫟庸才、永甘擯棄、倏蒙收
用、捐糜難報、即當赴任供職、緣臣罪惡深重、
不自殞滅、禍延臣母羅氏、於本年三月十七
日戌時病故、臣母三日前猶康强無恙、緣臣

妻江氏脾疾纏綿、故于本月初九日申時、臣
母痛臣妻溫良賢淑。偕臣茹荼蘗鄉者。六年
如一日。兼從臣宦游家居。拮据操作。苦逾田
婦。不得一食報而卒。感今追昔。心碎魂消。痰
與氣攻。越日而瞑。一旬之內。遭此重傷。臣自
分萬無生理矣。念母千辛萬苦。教臣入仕。因
臣奉職無狀。既憂臣死。復憂臣譴。錄六望八。
多在憂困憔悴。日度一日。兼之坏土未厝。臣
只得偷視累息。强顏人世。圖襄大事。謹以原

領給錄公文、送部查覈、臣查正德五年江西
按察司僉事馬慶、原任山東道監察御史、歷
俸三年、報陞前職、奏乞請給、應得勑命、該部
查得本官考滿在陞官前、止是未經引奏、既
得陞遷、即係稱職、與引奏復職官員、一體類
題給授、奉
武宗皇帝聖旨是、欽此、臣又查嘉靖三十年九
月內、該原任南京工部都水清吏司署郎中
事主事陞山東按察司僉事趙介夫、比例乞

要、請給原任勑命、本部照例題覆、奉
世宗皇帝聖旨准給與、欽此、臣事例與二臣同、
謹齋沐焚香陳情、差義男鄒熹奏聞、伏乞勑
下吏部、查臣別無違碍、照例類奏、臣以二十
餘年、名點鵷班、不得早乞綸綍、生爲母壽、今
茲襄事、猶得跪申靈几、一語褒崇、千秋焜燿、
泉臺有知、能不啣結、臣如未死、何論捐軀、
陛下磨礪臣子之機、未必無小補云、臣非不欲
從容以俟、臣蒲柳之姿。不堪摧殘。奄奄氣息、

罔卜晝夜。迄今不言。更誰爲臣言者。愁頻苦
心氣結神馳。皇天后土。實所共鑒。
萬曆二十六年八月　日

鄒忠介公奏疏卷之三

吉水　鄒元標　著
毘陵　王　章
上虞　倪元璐
金壇　周　銓　仝較
雲間　陳子龍
候官　林　銓　評閱

天恩俯容休致疏 時刑部郎中陞大理寺卿

臣江西吉安府吉水縣人、繇萬曆五年進士、

荷國作養之恩、四十四年、中間進退郎署、一十六年、棲遲田畝、二十八年、臣少而用罔、老而退思、無足以當驅使、自安蹇劣、已絕世途之想、日爲待盡之計、不意
先皇帝特賜簡用、此如天如地之仁、臣齏粉此身、何能爲報、且一月內、先皇帝諸大政、媲美堯舜、上符
列祖、海宇歌舞、臣亦歌舞、方欲彈冠、覩日月光、
而忽聞先皇報臣仰天蹋地、無淚可揮、恭逢

皇上御極、此乾坤何等時、豈臣子計身名自便之日、惟是臣自秋來、惡瘡發背、呻吟牀褥者五十餘日、幸叨生全、元氣未復、奄奄殘息、難於遠馳、即臣無病、年已七十、今甲昭然、亦非臣旅進闕廷之時也、伏乞勑下吏部、查臣別無矯飾、覆議上請、容臣或以原職、或以新銜致仕、臣在田野、焚香祝頌

聖壽萬年、國祚無疆、如是而已矣、受國隆恩、生不能報、來世銜結、萬不敢負、臣無任瞻天仰

聖俟命之至、

泰昌元年十二月初九日奉

聖旨、鄒元標忠讜素著、乃先帝簡用著、遵旨前來供職、不准辭、吏部知道

天下事壞在分門別戶錮賢逐賢說者甚

多卒不能破此局面奈何奈何

和衷二字今日尤難

國事甚危敬陳膚見疏 時刑部侍郎

臣趨朝行至山東、有言遼事急者、臣心憂之、行至前途、聞遼已陷、同里遂有尼臣於道者、臣笑而不應、臣以身殉國、故兼程而至、至則舉國皇皇、人言甚具、臣雖至愚至腐、敢不避廷陋、敬以膚見上請、臣謂今日國事皆二十年醞釀所致也、往者不以進賢推賢為事。以錮賢逐賢為第一義、遞相祖述、言臣不以公心虛心為事、而以分門割戶、共為衣鉢、奈之

何、朝不多事。其究也。大臣已死者。恩賁泉壤、諸人存者。談笑林泉。落得臣等與諸臣。共憂共危。何濟于事。臣謂今日急務。惟在朝廷和衷而已。庶民之家。厥主孤立。其家督杜門憂勤、一心撑持門戶、不數年、家日殷盛、外侮寧息、

皇上初登寶極、何以異此、朝臣一和、天地之和應之、此必然之理、所以不和者何、論事論人、各有偏見偏因迷。迷生執、執而為我、不復知

天下萬世兩語剴切之極

袁陽水鏡言如指掌之間

有人不復知有人禍且移於國此不和之流弊也古人上殿相爭如虎下殿不失和氣爭如虎者爲國也不失和氣幾于無我矣今論一人當惟公惟平無遽搖筆端論一事須懲前慮後無輕試耳根以天下萬世之心衡天下萬世之人與事議論未嘗不平風波未嘗不息一國享寧謐清淨之福願諸臣深維之也臣意急在用人各處添設巡撫諸臣言之矣然臣所知者如涂宗濬不動聲色功在邊

塞李邦華赤心壯猷宜當破格諸臣業舉之矣熊明遇劉憲寵陳大受周起元一時偉望今已推陞臣所知則有南京戶部尚書汪應蛟遼學沉機通政司吳達可端簡純誠大理寺丞俞懋衡丹東石畫副都御史劉曰梧剛方正直應天府尹徐必達壯節宏猷太僕少卿周汝登學明正宗光祿少卿蔡獻臣冲襟實學副使馬盆禎澄清志酬布政蕭近高恬約自如宜在左右以借前籌此外如磊磊落

落慷慨力能任事之岳元聲曉暢軍務之申用懋老練壯猷平生未竟之李琯可備緩急此臣所知者他未知有諸臣各舉所知在用人急矣不大破常格謭謭拘拘欲豪傑我用不可得也

世宗朝以魏學曾繇光祿少卿徑推遼撫十年甲第爲開府者比比也破格要矣然又當存愛惜推轂之意馬或奔踶而至千里士負俗而立功名取其來不必追其往跅弛之士在

御之而已若既用之而復索瘢求疵何人無短何玉無瑕況此時得一濟世士如荒年嘉穀爲天下用之惜之而已而最當豫籌者當先定勤王之著順永保河眞順廣大八府青登萊濟東兗六府宣府大同河南等府其去神京近計道里遠近剖符與之約聞警如期而至統兵山東則以董可威杜承式督促至內八府則以李思孝督促至山西則以李植督促至臨以郡縣方面功大者縣陞京堂方

馬戶苦不忍言乃是西北大患公題破後終莫能恤之惜哉

面陛巡撫、巡撫有功者、許以通侯之爵不靳、爵祿、人主所與共天下以激世勵世之具也、賞既隆重、何人不願舍身謀國哉、必有超距而踵至者、練兵在內、諸勤王各在外、環而攻之、令彼隻輪不返、

皇上高拱聽凱歌何疑、臣昨過青州、見守臣魏濬、知府柴應賓、知縣胡良機、所練兵、可當國家一隊、入三輔地、遇諸父老子弟、語以我

祖宗仁漸義摩、二百餘年禮樂文物之區、豈可淪于戎夷、一旦都門有警、宜各舍身來衛、衛國所以衛身、衛身所以衛天下、衆皆唯唯、臣復覩山東、自四十三年飢荒、至今數年、如牛運馬運海運又起、遼餉又疲、驛遞馬戶、不勝其苦、至有鬻子女應差者、有泥垣走者、人人泣楚、若不大加賑恤、以安葺其黨、與大增馬價、卽本處撫按郡縣、萬分苦心、亦難回元氣于大病之後、此難言矣、山東畿輔、皆

陛下肘腋、肘腋固而後身體康強、臣愚謂兩省

遼餉宜減一年、不然、或半減、或差次、國家無損毫毛、兩省受如天之福、至于馬戶倍加優恤、增價以酬、兩省歡若更生、其不鼓舞祝堯天舜日者、必無是事也、臣目擊最眞、心腸最苦、敢一及之、惟

陛下一留神省擇、臣愚幸甚、臣老且盡、豈復有世間念、爲國爲民、情不容已矣、

天啓元年四月十四日奉

聖旨、鄒元標懷忠入告所奏各欵卽與議行、該部知道

續陳末議疏　時刑部侍郎

臣自癸巳歸里、灰心槁形、坐以待盡、一旦辱
光宗皇帝、起臣大理卿、十二月又蒙
陛下陞臣刑部右侍郎、不次之恩、如天如地、不
世之遇、似夢似想、臣即千死萬死、何能答天
恩萬分之一、臣先是聞
陛下以起廢遼餉二事、下廷臣議、臣恨未羽翰
白日、奉佐廷議、然臣入朝、有見與言不盡、上
負

陛下、下羞艸茅、敬以田間習見聞者、條呈上覽、
臣久負浮名、全無沉修、起家之日、即默默矣
天、此行有名相有家念、不培植人才、護國元
氣、爲國陳小民疾苦者、如日臣今此疏議、正
踐此數語、非有奇策異見、總之不離人情物
理、惟
陛下勑下該部酌議、可行則行、可止則止、臣衷
雖熱、臣心甚虛、不敢以垂老强人以難行事
也、臣具諸議如左、

眞大臣之心、眞長者之言

拔茅末議、

聖人繫泰之初爻曰、拔茅茹、以其彙征、吉、子
繫之曰、茅爲物薄、用可重也、愼斯術以往、其
無所失矣、古人惓惓保泰之般如此、冢臣簡
拔、臺省捜羅、諸公卿揚摧、亦旣盡矣、而猶有
未盡者、冢臣如不得已、誠愼之也、察其故、曰
月且未一、夫月且能觀人、不能盡人、先聖謂
善者好、不善者惡、惟仁人能愛人、能惡人、鄉
不皆善人仁者、彼之其所賤惡而辟、未可盡

信也、得無以年邁不堪使乎、人才少有少用、
老有老用、長有長用、短有短用、聚衆短以成
長、正大臣事、我爲紅爐、是鐵可鑄、我如太虛
凡鳥可飛、臣眞見天下有可惜之才、無可棄
之才、願名碩盡融先入、無以掄才地作選佛
場、世之不甘老死牖下者、誰不如我、而令老
死牖下、非仁者事、得無以少年性氣、尚未磨
礲、左足入朝、必致多事、不知多事、爲少年亦
非佳話、三十年飽歷風霜、猶嘵嘵然、此必純

道學長老矢口吐辨自具休休有容氣象

不掩功不沒善深情

任血氣者則然。臨老血氣衰矣。山空木落。天根見矣。我用之。仍作故態。則另有公論在。泰之二爻。即曰包荒。無所不包也。馮河者。言勇于斷也。臣拭目以俟。

闡幽末議。

人在葢載中。亭亭表表。炤以日月。澤以霜露。秉靈睿墮地來。必有一段精光。不可磨滅之氣。生前順遂者。死無遺憾。其有志在謀國。遭世忌嫉。逐而死者。有力擔疆場。見有未周。不

嫵婉哽咽痛傷死者有知當稽顙以謝

得志而死者。雖有遇不遇。總之皆藎臣也。而其一生英雄磊砢之氣。手埽攙搶之略。猶可想見。倘在今日。濟濟彈冠。今乃為泉下人。九招誰賦。長夜漫漫。臣一念之。神骨悽楚。記臣在田間。夜臥小榻。夢故太子太保兵部尚書石星者再。遇一招提。上下磴道。始而訴其衷曲。既而峨冠博帶。臣請曰。公何冠帶。曰。上宥我矣。諸臣英爽。諒有同然。

陛下麗日當天。萬彙畢炤。諸臣不得彰顯。他日

雖有大利大害。誰復為國家廷諍者。巨艱巨患。誰復為借箸者。故我

列祖朝時用此道。時而雷霆。時而雨露。用能順

天休命。

陛下亦嘗允諸臣請下部臣。部臣請下諸郡國。夫郡國嗜善慕義者衆。亦有以無當沉閣者。諸臣子孫多貧乏不振。雖有孝子慈孫之念。恐難勝文移查駁之費。謀諸野。何如謀諸朝。陳人枯骨。何須推敲。一轉念間。朽骨回春矣。

易之道。在彰往察來。微顯闡幽。往者彰。來者察。微者顯。幽者闡。無有遠近幽深。一旦光華

臣願有請。

今之遼餉不但再加而又繼之勦練二餉小民身家已難問矣可能保其兩不受楚乎

遼餉末議。

頻年奴酋為難。征餉為苦。未有如再加之苦。處處剝皮。人人吮髓。有司焦勞于上。里巷嗷嗷於下。糧十石以上者。猶可糧止一石數斗。旱乾水溢外。尚不足供正稅。且有虛糧虛丁。祖戶相傳。無人承頂。他里他甲代賠者。可念

也。奈之何民不欬徙。各兵各役工食。摩肩擊
轂。旦夕不得休息。入日不過一分。將使父母
兄弟妻子。共塡溝壑乎。泣而訴踵相屬者。可
憐也。諸臣以國之苦爲苦。未暇爲小民計。小
民以身家計爲計。何知爲國計。兩不相謀。宜
兩受楚。然民爲邦本。鴻雁嗷嗷。可懼也。議者
謂當復稅。蓋謂商賈多擁雄貲。取百之一。抽
毛於氈。取窮民。是求鐵於針也。豈不洋洋足
聽。顧二十年海內翹勤者在罷稅一事。今

神宗
光宗及我
陛下。慨然下明詔。深山窮谷。歡然更生。一旦復
行。先帝與
陛下明詔謂何。難言一。開求出搉稅之門。難言
二。海濤拍天。賈客帆檣多葬魚腹。難言三。願
諸臣熟計之也。臣以爲西江苦此。而山東各
州縣。苦與西江同。山東四十三年。始如水。如
旱。如蝗。竭力愛養。始得回生。山東如此。環海

外可知。願計臣早爲區處。或九邊巡撫。各處
巡鹽。助一年公費。或各處土司。各倡義助。環
海宇如生之日。
理財末議。
王安石在宋。汲汲以理財爲第一義。衆皆議
之。不知此迂儒見地。軍國大事。自九夷欵塞
財在外夷。無復流轉。今爲奴酋事。司農頭鬚
爲白。無門可控。獨是加賦一事。不可長恃。年
年遼事不寧。年年加賦。奴酋未入中國。中國

先受困矣。此自困之道也。戰國富强。故孟氏
以仁義爲富强。今國家衰弱。又當以富强爲
仁義。各疏有屯田鹽法水田三事。
屯田
參議吳撝謙言之詳。可試也。今議屯田者。其
說有二。有開屯田者。在鎭臣親審而心計之。
有曰淸屯田者。夫屯田何易淸也。臣親見上
司委一官。躬勘屯田。官臨田而勘。奸軍以民
爲屯。以屯爲民。官唯唯不知所辯。臣竊笑之。

得清屯肯綮

臣謂國初屯田、原自古已然、中間雖有荒蕪
然可開墾、其眞田、衛官與軍、未有不知、惟以
本衛之官、清本衛之田、則田無不清、其有能
清出數百畝者、或于原官量陞一級、或屯田
不清者、本衛本所、不得襲替、若是、可得屯田
眞數十之九、本地方官、無以故事應之、乃眞
正體國者、此臣愚眞見也、

鹽法

今動稱虧額、何以故、總繇巡鹽不得其人故

耳、臣所見聞、如喬應甲、龍遇奇、孫之益、其遷
也、國家欲鹽法之永無弊、在于專任之中、行
超遷之典、如課不充、不得交代、課充而別無
異議、行超遷之法、則諸臣人人奮勵、卽老臺
臣亦可差、不得以此作中差、國課不充、未之
有也、至如龍遇奇巡三秦、巡維揚、濯濯皜皜、
清時孤鳳、以勞抵家而終、不一行贈恤典、勞
臣解體、飲恨何極、況在事俸已滿矣、司國計
者何如計焉、

水田、

如徐貞明潞水客談出、今西北水田、有享其
利者、當時不宜行之太驟、故旁囂四起、今宜
付之有司、以漸而行、人孰不欲開粒食之源、
令汗萊不闢也、舍此三項言理財、卽桑孔無
能籌矣、

振武末議、

今日奴酋作難、說者曰、奴酋强、臣謂非奴酋
强、中國弱也、又曰滿一萬不可敵、盲史不足

信也、倘不敵、我
太祖何以驅馳中原、奴酋何以安置窮塞、
成祖何以入塞兩月、不見一虜而還、此在金幼
孜從北征錄、可查也、臣謂非不可敵、中國之
失筭也、何謂失筭、兵法百里趨利蹶、上將深
入奴巢、皆自坐敗局、奈何不敗、臨敵易將、兵
家所忌、彼着着勝筭、此着着敗道、取困固宜、
臣又以知酋之無能爲也、來也炒米而來、破
開原挑米而歸、無能爲者一、天道神明、帝德

此文臣最難得

好生殺我中國人民以澤量諸人寘寘鬱鬱其必助我天朝殲此虜無疑無能爲者二兵法忌盈忌滿酋盈矣滿矣無可加矣倘來以官兵守内勤王兵護外必令隻輪不返

陛下高拱于上聽凱歌聲臣等効死守于下萬無足憂也說者又曰無將臣謂非無將無將將者將不在武臣而在文臣臣結髮登朝五十年間閱士夫推有邊才者先時如少保羅通不可得已近如毛伯溫楊博譚綸王崇古

又近如顧養謙葉夢熊萬世德梅國楨三四人火器弓矢能自操作今士大夫袖手談文墨語及兵事茫然張口即有談者又衆咻之其人多跅弛不羈又過求之武何繇振也臣愚謂兵科兵部諸臣時各從曠野習弓馬各科道各部英果之士亦各結社角技文而文武而武

陛下擇日大閱各科道部屬須報名百人射者賞中多者優擢大破常格朝中如是各邊如

妙議

是奴酋聞之必且胆落以我素所酣習之文臣彈壓其上武將自然挺出皷宮宮應皷商商應是在今日一振拔間數百年社稷全盛今日猶不自振拔徒取文墨議論奈之何不弱且靡也易曰來之坎坎險且枕入于坎窞今坎坎矣險矣枕矣不自振拔其入于坎窞何疑

驛遞末議

驛遞之苦自昔爲然于今彌盛前者鑛稅役

興如折乾不足言矣士紳得夫得馬亦是國恩又復折乾此何說也徒知爲家庭飽奴僕不復爲朝廷恤赤子臣家住江頭飽悉此苦臣邑大不過百名日停軺征蓋不知其幾諸夫多有逃者縣官設法復招之來每年額設工食半在士紳家奴華衣上去不賢者不足責間有游心濶大不加簡點者不知何說也臣目覩驛傳道如范淶如姜士昌過客知儆小民蒙休今不一大懲創許驛傳道查有折

妙

乾、用夫馬過五十名者、每年咨報部院、令人知其廉兢、或加降責、不然、終至廢弛、此不可以尋常視也、有能如范淶上疏力參者、吏部查其人優處、庶幾可挽、諸臣亦不記三十年前、以布政宿酒店乎、臣愚謂今宜大刻奉
聖旨嚴禁折乾、夫過五十名以上、馬過十五匹以上、許令納銀本地方、自僱夫馬、年年報積過驛遞銀若干、彙解京師作兵費、此非細故也。

保泰末議、

其一在簡、

天生
陛下、清明在躬、端軌示則、穆清于上、臣子亦當洗心奉公、肅清于下、共成一段清明盛事、庶幾流光史乘、臣在田間、覩繁文日盛、真意日衰、心甚厭之、自都門歸者、未有不道垂橐而返、不但垂橐、且負債、其原皆起於雄緊之司、一倡百和、汙濁難言、彼不過欲陪奉一世歡顏而已、面則心非、退則口鄙、歸而剝小民脂膏以償、泰愛紛奢、人亦念其家、諸臣入都、寧獨無家念乎、先是非無禮儀也者、不過稱情而止、今二十年、視前二十年、亦大相懸殊、總繇交道接禮之說誣之也、萬章嚴小、不如孟子濶大、濶大流禍更深、嚴小庶幾寡過、臣願以簡靖之說、與同朝共相交勉、都門者四方之表則也、都門肅清、則繇此而各省無不肅清、今天下民財盡矣、臣等不一爲提唱、上負明君、下負所學、口堯舜而心盜跖、臣必不爲也、

其二在儉、

夫臣子不清正、豈樂與同濁、都門米珠薪桂、窮措大當之良難、總繇繁禮縟儀、宴會往來、所費不貲、只得安心逐隊、苟且隨緣、曰吾不與世閡、既不與世閡、昂昂丈夫之身、與塵緣共汨沒矣、諸臣中、惟初入館、刑部、大理寺、評博中行、自甘冷局、人亦以冷局目之、此臣南

非所親嘗者。若志士不自作主宰。亦向繁華中走。是自小也。臣親見先臣孟秋楊植束馬糞爲薪。此亦人臣也。朋友以折柬相遺。亦古道也。今彼此往來。金輝朱映。所不敢加之上者。臣子遞相往來。非借則債。新進小生。亦竭蹷遍借。以陪奉世界。不可令古道先生見矣。酒以合歡。日日宴客。果先憂後樂乎。抑泛交乎。今日當憂矣。非金危破愁顏時。一宴費數日之俸。不得不苟取以供衆人之歡。言及至

此。想諸臣亦彼此厭之矣。臣願諸臣減茲繁費。共安澹泊。澹泊則心清。心清則可以軒然一生無所求於世矣。儉而後能簡。不儉未有能簡者也。

其三在和。

吾夫子一生太和元氣。和曰達道。邦家必達。信自和始。人身一毫乖戾之氣。與造化相流通。惡可不慎。前數年諸臣和乎。不和乎。護門戶如護金湯。入門之內者加之膝。在門之外

烽燧自起干戈自尋正是今日世界讀至此段不惺然悟幡然

者墜之淵。如年例。如考察。皆自意念一偏。流於過不自知矣。普天之下。均王之臣。萍水相遭。聯袂而列。何同何異。何親何疎。先正云。大者爲卿相。次亦不失爲方面。一言不合。必欲錮之終身。曠鳴鑾。張光房。濮中玉等。詿選已定。必欲黜其異己。令廉臣貞臣短氣。不知同己者不過借徑以進。而心隱隱知其無當。先復爲安身計。時移事改。抱琴過別船矣。今之所是安知不爲後日之非。後日之非安知不

爲今日之是。諸臣未之思也。人退居林下。惟欬而已。斧斤加於林木。此何爲也。倘當時有以和字進諸臣。諸臣未必不爲轉念。奈悠悠世路。聽其自風自波。或飄或搖。至今惜之。易之同人曰。出門同人。又誰咎也。同人於門。止曰無咎。惟同人于野。始曰亨。始得利涉大川。利涉大川者。遭時之難也。今何等時。惟有和心以回天意。以逐天庥。若復尋戈矛於國中。奈何不起烽燧于塞上。此和之一字。今鑒往

改者殆喪
心病

昭來之對癥劑也。

其四在厚、

易之坤曰、厚德載物、天之體清、地之體厚、厚所以承天也、舍載物、厚亦無自見、物孰有大於人臣、人臣彝倫之宗也、有生者、有往生者、生品如十年不調太僕少卿、一生自如之葉茂才、力障狂瀾、進賢黜姦之趙南星、恬約邃學、三十餘年大行之高攀龍、有白華濯濯、天眞自如之安希范、有簞瓢陋巷、樂道安貧之

劉宗周、有屢進危言、磊磊落落之岳元聲、有主事數月卽錮之丁元薦、賀烺、此皆國之名賢也。啓事遲遲、物望謂何。往生之品、則有澄清三楚、一死報國之馮應京、則有進賢爲任、不遑不緇之王教、孟化鯉、此諸臣者、顧憲成鄒觀光、輩中人。談之髮竪、念之涕零。幽徵不闡、國典無光、則有英風壯氣、昌言去國之羅大紘、則有四箴效忠之雒于仁、則有力排並封、心行雙清、光祿少卿之涂杰、王學曾、朱維

愚于任事
四字拈出
東明苦心
合楊南容
杞說之論
足見人心
之不死也

京、陳尚象、王如堅、則有慕義扶正之侍御何選、給諫顏文選、楊文煥、則又有倡道東南、順事沒寧、故名諫之張棟、名侍御之錢一本、故參政之姜士昌、故省郎之于孔兼、故主事之諸壽賢、薛敷教、生爲名儒、千古不朽、不加恤錄、重泉永閟、若復再加磨勘、日月遷延、雖黃雜出、諸臣不負國、國負諸臣、尚論者有餘思焉、俯仰昔人、君享得士之報、惟在厚恤臣下、存其生、恤其死、如地之無所不載、此盛世事

也、惟

陛下力行之、臣又惟前所語者、郎署小臣也、有隻身當關儲餉、俾虜不得逞之魏學曾、其功不在葉夢熊、梅國楨下、不得世廕、公論謂何。則有愚于任事之石星、彼其念欲求和、不過爲國計、一跌而身死囹圄、妻孥戍嶺表、足蹟矣、生平以身殉國、力復寧夏、功在學曾、夢熊上也、加之罪既足以寒樞臣之膽、念其素亦足以慰幽貞之魂、則有以緬事遣戍之李材、

夙負雄韜、業廓清于嶺表，乃以人一言，錮之
重獄、戍之七閩，其戍也，
先帝已憐其枉。而勇于任道，臣老而壯之。不一
體恤。斯道無光，則又有以播事孤忠被寃之
艾穆、江東之，地之厚也。無所不厚。諸臣有一
長者。記其功不記其過。如地之無不持載。是
在培國體者留意耳。

右以上諸議，臣方弛擔入國門、感時觸目、籌
燈而書，臣未閱全報、或諸臣已言，不知其爲
重複、或諸臣所未言，不知其爲獨創，一腔血
誠，救鬬者不修容，勢使之然，亦臣區區犬馬
之忱，其人與事，未必皆當衆心，然時迫國危、
一壺千金、緣臣年老志惟取人之長，忘人之
短，樂人之善，略人之過，倘涓滴有補，臣寸心
始慰也。

天啓元年四月十四日奉
聖旨：這續陳諸欵具見有用實學，該部一併議
行

乞嚴明振作以救臨危疏　時刑部侍郎

臣讀易曰：剝牀以膚，子繫之曰：切近災者也、
災口切近，三尺童子亦且知作何幹濟，堂堂
中國，闔城生命，何啻數百萬，衣冠禮樂，培之
祖宗列聖者，何啻數百年。今一旦將爲腥氣所
浸，猶不大加挺奮，其不至俛首爲犬羊者無
幾，其最可憂者，人一段柔懦不振之氣，積習
難挽，如三侍郎熊廷弼，業有優詔，杳無消息、
英雄之氣安在、張鶴鳴、王在晉、祁伯裕，數月

不至，急君之義安在，三臣中夜深思，君負臣
乎、臣負君乎，必有怛然不安于心者，公侯駙
馬伯，國同休戚數百年，紆玉拖紫，未聞其聚
首揚榷，何以聚兵，何以應敵，問之，則曰家事
蕭索，謀生不暇，不知今日不出身報國，後亦
無生可謀矣，人最親者，父母兄弟妻子，賊一
至城下、父母兄弟妻子，各不相保，今不自圖
聯絡里閈，大起雄風，滅此醜虜，後即有血可
灑，無淚可揮矣。滿城士紳、軍衛、諸生、素封、家

宜各自爲保、今悠悠然如燕雀處堂。士紳諸生中。豈無父母兄弟妻子。無祖宗墳墓。無鄉里親知乎。今宜亟長思矣。闔城中可執殳者。計可百萬人。百萬人人人一心。子弟衞父兄、手足捍頭目。庶幾救保此都城。倘猶存一毫柔靡之氣。斷送孤城。置君父何地。寸斬不足以謝君父。臣念至此。腸夜九迴。臣本廢人、屏足山中、三十年別無外慕、一旦觀光而來、至都城纔十日耳、光景愁慼。人心渙散。接諸大

臣。各有本末。深爲慶幸。顧當太平之世。濟濟名臣。今當多難之日。其胸襟其作用。又當開萬古之眼。如用人。如理財。在尋常謹條式。固鎖鑰。則可。今官要人做。錢要人用之時。非拘拘循循時也。素位而行。職思其居。平素可。今則不可。被髮纓冠之時。非折衝尊俎時矣。宜合各部院爲一部。幷各部院爲一心。同舟共濟。城內城外。何以布置。後先緩急。何以劑量。某可以領兵固城。某可以領兵接戰。各舉所

時事孔急滿腔憤懣一氣說出字字逼切

謹肯

知。財賑何以賑恤。援兵何以接濟。即萬分整頓。猶愁紆緩。乃言者諄諄。行者悠悠。倘酋至郊坰。危急存亡。在轉瞬間矣。人心一奮。則河山震動。酋奴奪魄。惟

陛下勑大小臣工。共圖之。亟圖之。不然。身不足以膏斧鉞。血不足以灑飛塵。臣自恨骨相乖蹇。未從容逢太平之盛。而皇皇講遏難之略。仰瞻四極。慼慼靡騁。臣無任瞻天俟命之至。

天啓元年四月二十四日奉

聖旨這本說的是各官屢旨嚴催偃臥家居全然不知君臣大義該部仍馬上差官守催如再稽延國法不宥

直陳當日公議情形疏　刑部侍郎

須東事洶洶、有言該用原任漕撫李三才者、
臺省有言當用者、翰林學士公鼐亦言之、吏
部尚書周嘉謨聞而曰、只要科道無異議、我
用何難、既而聚于左角、以簿令臺省書與題
者、及不與題者、各攄所見、臺省始而言當用
者、盡皆異指、諸部卿書曰從衆、復苦促臣書、
臣直告諸臣曰、臣甲申官南都時、與原任都
御史魏允貞、原任太子太保兵部尚書李化

龍、及李三才、朝夕相處、顧臣局曲褊小、南北
風烟、久不相通、乃有借臣以攻三才、今復欲
臣書不與臣心不安、明明說破、別無兩端、諸
臣所共聞也、臣熟思之、其用也以救燃眉、是
在諸臣、其不用也以需論定、亦在諸臣、臣何
敢必、遂書無必二字、一切意外不計矣、退而
有謂臣違衆者、臣語之云、是亦從衆遺意、今
我老而屈曲同心易面則我何敢、率我真性、
完我赤衷足矣、近覩科臣汪慶伯疏末偶及、

未指臣名、意固有在、朝廷衣冠萃止、非斥人
之地、大臣比肩事主、臣非可斥之人、同寅論
事、塤篪迭奏、唯唯否否、從古已然、亦來點綴、
兩俱不受、鸞輅雍雍、臣竊有志、念臣少而用
罔、浪得浮名、思惟有刻落名相、獨歸真寔、以
還造化、常自考久住田間、只曉得一箇惻隱
之心、充得惻隱之心、故不樂聞人過、臣前疏
已言之矣、且大臣老臣言臣、各自有體、英風
磊落、此言臣事大臣老臣、非甚大關係、惟有

培養元氣一着、蓋
主上冲年、培養君德、有講幄在、崇正禦邪、有臺
諫在、諸大臣協恭和衷、
主上獨斷總攬、治平有日、不必汲汲、此臣之迂
見、宜知之者鮮也、臣又思一李三才也。用則
用。不用則不用。瞋目語難。令彼而白首田間。
三才便宜事。臣兩疏中、未嘗及三才一字、亦
懼長鬭爭風、臣心可鏡矣、臣雖無心。付之廓
然。聞者有意。共相愕然。夫事端尋之。即有蹄

涔便起風波息之全無浮雲亦是青天臣老
且病、惟有一去以明不負、伏乞勅下吏部、俟
臣供熱審之役後、容臣早啼田里、臣沒齒無
憾、不勝感戴矣、
天啓元年五月　日奉
聖旨這所奏知道了鄒元標心跡自明不必置
辯

敬陳大獄情辭疏　刑部侍郎

先是左僉都御史王德完、敬陳三策、內有決
大獄一欵、意勅法以彰國憲、以惕人心、茲奉
聖旨、楊鎬李如楨、原俟徐議、今既如此說、准從
寬議、欽此、臣讀至此曰、
陛下眞得中孚議獄緩死之意、仁君如此、昆蟲
艸木、將來無不在春臺化育中、臣等因得以
不溺于職事、踴躍歡喜、更復何說、惟是中外
人情洶洶、謂臣等法官也、執之而已、孟氏名

言、臣等豈宜骫法、允宜執奏、其語李如楨也、
曰劉保扳寀方新奸宄審黨遍布當死一韓
宗功係其至戚走入奴窗爲禍叵測宜斷其
根株當死二遼東
祖宗疆土一門父子兄弟剝削各衞官如掌印
如生辰如節旦衞所各官無不揭債剝軍從
事至今遼陽家家罄空人人思亂當死三自
李氏封伯來交結中朝蔑視士大夫臺省諸
臣無不發其跋扈諸臣言方脫口被其陰計

落職不復。陽者如李瑄、如馮景隆、如張鼎思、不可數計。當死四。從李氏起家。金貂滿座。炎炎隆隆。何功堪受。當死五。諸撫臣至其地。與之共指者。輒以兵事挑之去。當死六。身在縲絏。家丁擁衛。意欲何爲。當死七。

陛下雖寛仁如天。如楨當自爲計矣。至于楊鎬臣部司有言其與律例不合者。有謂其不宜聽人言。致三路兵肝腦塗地者。有謂其一紙馬上催促進兵者。尚有人有謂其壞遼事者。

自郭光復始。如張濤、如李維翰、周永春等。不獨鎬一人。死者宜加究奪。生者宜加逮問。始足服楊鎬心者。似合

陛下徐議之旨。夫法之所在。天子不得私其臣。子不得私其父。士大夫不得私其友。如金之堅。如四時之序。期於必行。

聖旨一布。爭相揣摩。以爲何從得此。臣謂盧受謝事。諸內臣受事方新。卽凜凜洗心奉公。猶懼干憲紀。未必若是愚矣。臣爲

陛下守法。熟審伊邇。聖神在宥。苟可爲諸囚地者。臣等當尋一條生路與之去。今如此。是使臣不得其職。如國紀何。夫士夫之筆諍。何如匹夫之眞心。閭閻之斧鉞。卽是朝廷之令甲

望

陛下無以臣言爲贅。臣敢昧死以聞。

天啓元年六月　日奉

聖旨朕豈不知刑獄自有法司但王德完獨非法官昨因朕大婚時他每紛紛危言恐嚇不

已朕意從寛二字可安反側且偶查得李如楨父李成梁勦殺奴酋祖父今似爲奴報讐失邊將心故因王德完奏請方令議處今據爾等奏除扳案至戚影響未定其餘卽說是他父兄罪過亦非一人係何律條輒云當死爾等法官如此議罪恐亦難得無冤這所奏楊鎬李如楨旣如此說都炤舊仍俟徐議不得再來紛擾

語冷而激

都門勢孤敬陳一得疏 刑部侍郎
近言遼事者蓁衆矣。中間
陛下以爲可采。而衆有厭之者。臣老復不曉事。
敢掉入厭棄之林。第臣聞食君祿者。憂君之
憂。臣雖至愚極陋。常思國家倚遼爲左臂。今
遼已陷左臂已失。近雖言恢復。所靠者天地
神靈。祖宗德澤。
陛下聰明睿知。如日初升。諸臣畢命竭慮。褒力
於下。奴酋積惡貫盈。無不滅之理。是則可恃

耳。臣嘗語於廷曰、守三岔河廣寧山海、此終
朝計。復遼陽。此千百年之計。顓守三岔廣寧
山海。終于神京。可慮。臣夜偶思
高祖都陪京、江左江右、淮海泰山、而四維之、稍
稍有儆、三省咄嗟響應、惟是
成祖都燕京、無一省城作鎭。爲左右臂。意當時
艸造之初。
成祖自恃神武而
仁宗

眞爲可恨

宣宗守文之主。及三楊諸臣。不暇爲遠謀。遂因
仍至此。臣欲請從薊遼建一省城、寄以告於
兵部尚書王象乾、象乾曰地方稍窄、臣退而
思之、貴州一彈丸地、亦建一省城、爲滇黔楚
蜀轂、似未窄也、臣嘗恨前此諸臣視遼太易
處遼太疎。倘撫順、瀋陽、開原、鐵嶺、立四大郡、
以遼東作一省、藩臬郡縣、責相望于遼、遼舉
動、都下得而聞之、亦不至於靜聽一撫臣與
兩道臣。及李氏父子猫鼠同行。大家取富貴。

飽妻孥。至國家受此無窮之禍也。言之髮上
指冠、臣讀諸臣奏疏、所以爲國家綢繆者至
詳備、但言從薊遼着精神、其見良是、以臣愚
見、有一省城。則敵臺屯堡。自然日積月累。喜
峰桃林諸口。自然日修月築。撫臣持斧於上。
方岳持憲於下。濟濟師師。未必皆瞞心欺君。
顧身忘國之流。豈無一忠義者岳峙于下。苟
得其人、將故兵部尚書譚綸、總兵戚繼光、所
建敵臺墩堡、循故績、直至山海、燁然改觀、國

薊遼所以固都城也。固都城所以固祖陵也。
必有以費重爲言者。臣謂薊遼一固。卽西酋
每年欵賞內。可漸次減省。奴酋無謂不來。來
而必數挫其鋒。始可奠國家磐石。形勝壯而
又壯。門戶固而又固。防範密而又密。一時之
費。千百年之利。願計臣從諸祖陵起念。無作
寒酸態見小利忘大害也。此一役也。用萬金
有萬金之利。用數萬金有數萬金之利。着着
皆實事。步步皆實地。此可使還至而立有効

者也。且都察院察院衙門、俱已舊建、惟是都
布按三司、徐徐圖之、其力亦易、或又謂三巡
撫在上、而各郡體統亦尊、不知巡撫、彼此不
相下、守體雖尊、人終易視、事體渙散、聯絡良
難、總督提衡。如裘挈領。如網有綱。臂指相使。
犬牙相制。命之勤王則勤王。命之禦虜則禦
虜。不知諸臣以爲然否、諸臣如不然、亦不必
覆議、臣請留此議、俟之異日、如往日海運水
田、昔爲談資、今爲美政、必有行臣言者、此臣

因諸臣議備薊遼疏、有感也、臣近覩翰林左
庶子趙秉忠、一揭數萬言、大都爲青州畫守
土計詳悉、臣讀而嘆曰、以一郡生靈、尚關念
至此、都城有
聖主在上、公侯將相、卿寺臺省郎署、何等衆多、
無一人言及城內布置事宜、豈視一都城不
及青州、卽徐光啓所請掤敵臺、預防遠猷、尚
未興工、臣默自傷心、臣請問諸臣、奴酋萬一
至、城門必閉、城門閉、縱各倉可備半月米、而

煤從何入、小民不能舉火、有難言者、不可不
思也、各巡城御史、宜默默料理、各城宜擇數
處、備一月煤、其價借官銀數萬、他日得價可
償、此可安城中百姓之心、各城排門、何以徵
調、各巷隘口、何以堵塞、不可不熟計也、寧備
而不來。無寧來而不備。京紳亦當以此倡一
城梓里姻婭、此臣之愚慮也、臣因是而嘆曰、
昔人云、有頗牧不能用。今始信之。少保羅通、
爲國守居庸關。居庸人祀之。禦虜功載在實

銅柱空峨
綏綸未錫

有懷肘髀千古興嗟

可哭可哭

錄一代奇臣國家猶靳兩字之褒譚綸爲國
家非征虜南征倭功在兩浙今猶膾炙子孫
僅得一百戶不能襲今即有譚綸戚繼光羅
通諸臣亦不爲世用矣國所以待功臣者薄
也近時事事弛矣人人玩矣數十年積習振
之不起觸之不動每逢
陛下臨朝
陛下端拱於上朝班寂寥翰林臺省外蕭蕭黃
髮老臣餘如文如武諸少年多從枕上聆鼕

銷隨朝米豈在榻前臥薪嘗膽耶可謂無人
臣禮矣不思
陛下冲年、蚤作夜思、宵衣旰食、果何爲者、臣記
神宗朝、朝罷月色冉冉光分衣裾、每扎朝不到
者有罰、今似當舉而行之、文官罰俸、武官罰
隨朝米、以肅朝綱、此臣之與時左也、臣頃覩
陛下贈孫如法光祿少卿、廕一子入監讀書、臣
捧讀曰、
陛下至仁、天覆至此、如法生前不蒙錄用、歿後

猶蒙大澤、眞仁君盛事、惟是當時以言事去
國、臣所題諸人、久從故紙泉壤中沉埋、似再
當差次提起、以廣皇仁、臣當時忘題者、尚有
主事顧允成、一塵不染中人、馬應圖、陳嘉訓、
亦貧溝壑中人、李沂、盧洪春、慨慷激烈中人、
并爲上請、以俟
陛下采擇、林下有可用者、亦當錄用、臣近聞爲
人波及者、如胡桂芳、如李楨、如金士衡、如葛
寅亮、皆濟世長才、豈宜長困林臯、如吳達可、

姜士昌、安希范、皆爲異時人矣、夫世有當路
之臣、有失路之臣、當路臣如坐煖室融融譪
譪不知門外寒侵骨也、失路臣如坐闇室凄
凄切切不知庭前春幾回也、當路而不恤失
路之臣、寶山空歸、諸臣子孫、及幽魂、望眼穿
矣、臣與諸臣同在錮籍、叨冒已過、受享踰分、
千了萬了、臣再不言、他日無顏見諸臣泉
此臣覩贈孫如法事、有感也、近從山東一路
來者、道驛遞之害、爲烈更甚、山東連年大旱、

不知寒與、不知春何、等懸絕、願當路者看至此念之念之

小民不得耕、多以身為夫、每日止得錢二十文、半以付長、隨免敲朴、苦飢餓、流離何安、臣項疏有驛遞一欵、今朝覲伊邇、望
陛下勑兵部嚴為題覆、速為拯救此一方窮民水火、此事不大整飭、滔滔江河、何日之有、徐州各驛、已泥垣走矣、如雲南四川貴州廣西入覲郡縣、各帶毒弩十張、來以自衛、去以存京。浙江江西湖廣福建廣東廣西等省各郡縣、各帶硝磺百觔、在彼為不費之惠、在此為

燃眉一助、火器山積、急時得用、先朝有以兵事而徵馬各省者、此特眇少費耳、勿以臣為小言、至于各省遼餉、雖不宜遽減、然諸小民兵皂、工食三兩六錢、扣其半、非所以安小民、在京師各衛武弁、亦當體恤、在司計者詳議之耳、再炤國家有任事臣、有言事臣、任事臣艱辛萬狀。仔肩艮難。言事臣思慮千端。肝腸艮苦。非任事無以開言事之端。非言事無以堅任事之心。彼此同心。和羹相濟。成聖天子

初政。其隱其仕。各各不負。亦不媿堕地一回。臣遐思虞廷僉受敷施、九德咸事、曰僉受、汪汪太虚之量、猶可想見、曰九德中間必有矢口陳讜者為一德、雖有言者未必有德、亦未必無德、故曰載采采、願起艸諸臣、概查臺省、及奉
聖旨者、悉為題覆、其可行、其不能行、明白開列、無一概弁髦、老臣迂濶者、開旣旺之雙眸、少年未練者、廣却顧之卓識、廓僉受之雅度、法

激而欲罵矣

載采之芳、規臣退耕丘隴、死無所憾矣。

天啓元年六月十二日奉
聖旨據奏感時言事具見苦心薊遼邊鎮軍衛捍禦便于郡縣建省似難輕議餘關切時務的該部議覆

陳明法守疏 刑部侍郎

先是

陛下怒高出之全生、而妄倡棄廣寧之議、赫然逮之、逮而付之法司、至公也、至斷也、遠近諸臣、無不聳服、自逮後諸臣始有言其守奉集有勞勣、而守土責有所屬、宜比寬政、後經略熊廷弼至、言之甚力、特疏爲

陛下乞出其事、蒙

陛下下諸臣議、須各部院寺、齊集闕廷諸臣皆

言經臣良苦、宜以出原官或降一級、令之戴罪立功、議無異同、惟是臣部竊以爲不然、凡君國重器、莫重於令。令重則君尊。君尊則國安。令輕則君卑。君卑則國危。欲安國在尊君。欲尊君在行令。臣等爲

陛下行令之官、不然、

陛下赫然下逮捕之令、又忽然以衆議而輕之、一高出也、足不登司寇之堂、目未覩司寇之面、是

陛下之令不行、臣等溺其職也、語云、令出而不入謂之壅、人主擅生殺予奪之柄、以馭羣臣、期于必行者、君道也、人臣守隨事盡職之常、以奉之上、不敢阿私者、此臣道也、臣等何人、敢阿私以欺

陛下、敢陳情上聞、

陛下念經臣熊廷弼、孤掌難拍、以高出生而賜之也。是在

陛下。則雷霆之威。雨露之仁。兩得之矣。如以爲

令不可假。威不可褻。或仍法司所議罪。俄而成獄。俄而解網。惟封疆是重。亦在

陛下。高出捐軀、當必有以報

陛下、不然、臣等三尺具在、惟

陛下財之、再焰今國家事急矣、昔之不敢欺主、樂爲主用者、畏主之威勢與法令也、今法令弛不行久矣、有一番振作、便有一番擬議、使人得逃于法、則法安所從、即如廷弼頌言高出之才能勤苦、故是沖襟、不沒人善、鼓動豪

傑作用、然藩臬中如是才者、豈曰無人、惟在
當事虛而采之、公而用之、不患無爲國禦侮
者至、此臣等愚見也。容民蓄衆。故利用師。此
經臣事。明罰勑法。故利用獄。此臣等法司事。
言臣有口。史臣有筆。勿以臣等守法無人。臣
不勝瞻天仰聖、徼切待命之至、
天啓元年六月二十四日奉
聖旨覽奏知卿等守法高出久到法司何不早
爲議請適部院同辭奏上爾部列名奉有諭

旨威福總在朝廷所奏知道了

熱審乞勑諸臣視事疏　刑部侍郎
臣等待罪西曹、僚長則黃克纘也、頃克纘疏
請至再至三、
陛下昭其心跡、賜之溫諭、惓惓以熱審爲言、克
纘可以出矣、猶然杜門、此于大臣之義、必有
不安、且如戚臣張國紀一疏、事已下部、科臣
阮大鋮疏云、須直窮到底、姦犯劉于簡一獄
臺臣梁之棟、城差且滿、不見歸結疏云、爽鳩
之署、鍰署未彰國憲、所致望于臣部者、實爲

臣等官守、此皆關係最鉅、非克纘一出、誰爲
主、臣等望克纘之宜速出也、又熱審故事、三
法司同事、僉都御史王德完疏至八請、
陛下諭慰、至再至三、可以出矣、猶意欲堅決、此
于人臣肅恭之義、必有不協、且二臣不過以
人言偶以公事相激耳、克纘德完、事兩
先帝事
陛下有年、風猷亮節、白首一心、誰不信之、夫大
臣見地。與少年自難相同。而少年計日必爲

大臣始知老臣所處有苦心有情境難語人
者二臣可忘言矣又
神宗大祥
光宗大事、在七月八月間、二臣不一拜奠、不一
執紼哭送
二宗深仁厚澤、豈遂忘之、而甘路不敬乎、無論
熱審事矣、臣等爲二臣重之、臣等又惟師出
在邇、語云、師克在和、願從此諸臣惟靜惟和、
一德相與、以感格天心、用成丕績、周子曰、靜

而正曰道、用而和曰德、諸臣平居講貫、何嘗
不曰德曰道、臣等願與諸臣共相圖維、以臻
治平、

天啓元年七月初六日奉
聖旨這本說的是黃克纘王德完諭留何止再
三豈得徑情瀆陳至稽國典
皇祖祥期
皇考山陵在卽堅意求去臣子分義安在着遵
屢旨卽出該部知道

乞恩卽行闡幽之典疏　刑部侍郎

臣聞天下事、有談之若迂、視之若緩、而國體
人心、所必不可遲可無者、則今日議恤已歿
諸臣之類是也、先是光祿少卿何喬遠、具有
推廣詔書以光泉壤一揭、臣等亦以此呈之
閣部、閣部意亦諄諄、顧業已奉
旨、未蒙卽行、總之諸臣生前身後、無如命何、臣
等心切傷之、野鹿呦呦、得一苹呼類相食、臣
等彈冠食祿、不一言及、野鹿不如矣、或有謂

諸臣中議論未一、越分陳乞、難塞其請、當事
遲回、良有深思、不知品涉博訪、輿論有歸、亡
論
世廟卽位、于正德已歿諸臣、俱蒙恤錄、卽
穆廟登極、分列三等、後炤等推恩、最爲簡易、今
不過一轉念間、國體人心、頓爾昭回、亦諸臣
所樂爲也、解之象曰、天地解而雷雨作、雷雨
作而百果艸木皆甲折、倘甲而未折、未足以
言大解、追憶諸臣倘在、其年其才、其學其識、

寧容多讓。臣等年過其時，位過其分，今竝立
殿陛之上，龍鍾老態，大妨賢路，而諸臣徒追
逐寒風野草，每一念及，心骨沸熱。夫沉雄果
毅之氣，結而不散，安則爲祥爲瑞，不安則爲
厲爲妖。故古之頌大臣者，曰燮理陰陽。錄用
臣等，是扶陽教；恤錄没臣，是扶陰教。殘紅落
葉，總屬化工；寒嘒枯骨，半是英賢。既使現在
諸臣有目以見太平，亦不可使過去諸臣有
夢以干象緯。萬方瞻仰，是在今日。惟

陛下勅諸臣蚤圖之。
天啓元年七月十七日奉
聖旨：這議卹遷謫已故諸臣，該部卽與查覆。

集議遼餉以濟民水火疏　刑部侍郎

臣聞溺者望援，焚者望救，此情理所必致者。
今四海之民爲遼餉坐水火中者久矣。朝中
談及，無不攢眉蹙額。有謂與國運相爲消長
者，有謂寧失一遼，不可失天下人心者。謂遼
一失猶可復也，天下人心一失不可追也。臣
一日語于朝曰：俟戶部尚書汪應蛟至，當亟
爲議處。左侍郎臧爾勸曰：民困久矣，一日不
除，爲禍更烈。臣思爾勸之言，救民水火之心
也，其必有以辨此矣。以臣微見，千思萬思，敢

熟數
陛下前。其一曰加鹽課。民食鹽者少，食穀者衆，
一日無食則饑，數日饑而死，未聞有不食鹽
死者。海水所出無窮，鹽客之利亦無窮，卽量
加非過。或者謂鹽額時虧，尚堪再加。臣記丁
亥、戊子年間，運使甘一驥自完正賦外，又完
上先數年逋負，又出濟東魯一省荒，又建閘
數座，東魯父老現在，兵部尚書王象乾可問

也此亦人臣也其二曰鑄錢諸臣言之屢矣言者自言止者自止不知何意談者謂宜在荆州鼓鑄葢荆州滇蜀之銅所聚鑄易為力今都門錢貴極矣不一速行更待何時臣記得太常卿洪文衡在南工部領銀八千鑄錢每年省國家數十萬費大學士李廷機心服之現在可問今南都郎署以為美談而尚書王紀首以此為濟時第一義所當亟行者也其三曰稅契往年稅契為名耳徽州休寧一

縣稅契相傳不可數計多有屑越為貴人地者各省縣不能比休寧千百之一亦宜如往年届例及時明解無得為奸胥侵欺其四曰香稅泰山太和香稅宜暫移以急國需二省巡撫趙彥熊尚文清貞任事必能料理亦神所貺也其五曰平議昔年各省行稅半係各縣包賠今言復客稅恐開求出搃稅之端宜令撫按行各縣各縣同士民公議原數若干設法議助無稅之名得稅之利此與從細民

升合起科者相去天淵其六曰衛所指揮千百戶及各土司應襲遭吏胥勒害無筭三考吏辦官辦遠赴京費亦不貲宜行撫按于該省軍衛省祭土官查無違礙軍衛官預扣兩年之俸土官每名百金三考照依原納辦數令之納銀解布政司類送免其赴京亦彼此兩濟人自樂從文書隨到隨發不必更令吏胥刁難作生涯也其七曰義助

世宗朝欲征倭溧陽史氏助銀滅倭後海瑞欲

開吳松江史又贈銀開江奉旨贈太僕少卿

神宗朝歙縣吳氏助銀數十萬一日拜中書七人今吳越秦晉稱名閥巨商者豈曰無人有能倣而行之

陛下不妨以爵爵之爵上之所與出于口無窮彼必有樂為之應者其八曰承運庫及南京十庫所藏幣帛半朽壞不堪宜定價出與小民更易或令作邊上和市其九曰南北各都御史各差御史各左布政捐公費以濟燃眉

事平即復。其十曰南京後湖，每年駁語黃冊
除後，湖書手造冊工食外，宜查助以紓公家。
事平即復。其十一曰各省都司，有空地子粒，
每年備兩司見兩院時飯及進表買辦者，宜
查出以解民困。如是或可足往年糧餉之額，
不必與市井細民，銖銖兩兩，至今彼嗷嗷終
日也。諸數倘不足，再爲設處，
陛下下尺一詔，或盡除加派，或除十之七，是救
民水火之中也。雖中有不能不取之民者，然

加派頭會箕斂，取窮苦愁蹙之民，此擇可而
取，取各各有事之民，願廷臣集議，如有未備，
不妨商確。公事公言，何嫌異同。雖然，餉既備
矣，諸臣亦當念及此點點皆民間汗血，閭巷
不知費幾數血淚，有司不知費幾數推敲。上
有青天，幽有鬼神，外有公論。即近日渡海求
生數臣，叅來入萬口萬目，不能盡掩，全其生
而往。
聖主浩浩之仁。舍其生而報罪臣補過之日。功

虛糧之害，予身受之，里中人破家亡身，往往繇此，閱之不覺涕出

無貴速成，必好謀而後成。謀無得輕戰，必固
守而議戰，酋多狡計，無輕信而墮其計。維經
臣撫臣，同心和衷，庶幾有濟。臣嘗思國家景
運，非漢唐宋可並，臣頃登列祖陵，覩王氣鬱
鬱葱葱，聖祖神孫，千百年靈長未艾。矧
陛下天賦聰明睿知，涖位以來，天與人歸，山岳
效靈，鬼神助順，蕞爾小醜，行看掃盡，惟無急
迫，但固我疆圉，待彼有釁可開，未爲晚也。此
臣之愚見也。臣又有進焉，臣伏處田間久，熟

知民間凉燠狀，而民最苦者，莫過虛糧一事。
虛糧有窮民急于得銀，減糧額以售者；有富
家收糧未盡，子孫不知來繇，爲祖戶所遺者；
有水推沙塞者。臣鄉有人烟輳集，鷄犬相聞，
稱壯鄉者，未幾爲茅屋石田矣。又嘗見人之
楚之蜀之粵，久而忘歸者，問之，以虛糧故。作
逋客夫虛糧皆始于審圖時，富豪爲政，單門
下戶，仰富豪鼻息，所稱允服詞者，攻情屈勢
迫，不敢不允服也。臣在里中，與令臣縣者一

至哉言也

一言之，如孫之益、溫皐謨，審圖力清此弊，脫去虛糧虛丁頗多，一時民稱甦息。夫此雖以甦民也，免催徵敲朴之苦，實所以裨于官也。雖有裨于官，公賦不損，亦所以裨于國也。臣瀕行，亦以此告本處郡縣，各郡縣亦精心欲爲民紓此愁城，業有次第。願臣省皆如臣郡邑也，願天下令皆如臣省郡邑也，願天下士紳皆如古人之心也。古人之心無他奇，特自墮地來讀聖賢書，受君父恩，除安人安百姓

此一段是賢臣頌亦是勸世文

別無學術，別無報稱。百姓有憂，即爲之憂；百姓有苦，即爲之苦；百姓有欲處，即爲之處。故曰古之人得志，澤加于民，澤未加民，漫言得志？此不過榮身肥家之人，未可言得君行志也。其究也，華田美屋與荒田茅屋同滄桑變態，轉眼消爍，如之何不熟思也。臣又思文王發政施仁，必先此四者，四者鰥寡孤獨是也，今爲虛糧受楚者，半鰥寡孤獨之人，哀此煢煢，何辜至此。爲郡邑而留心民瘼，至此者必

一項進賢冠上頭便得志矣轉眼消歇猶不顧那管澤民

爲循吏，爲良吏，不然，必是酷吏、庸吏。酷吏徵收不前，必至敲朴，非酷如何？庸吏見勢豪不敢問，非庸如何？撫按不留心，責成郡邑以開除虛糧多寡爲殿最，所稱持鉞乘驄者何事？

臣願

陛下勅計臣，詳爲題覆，無概如道臣疏，令之留在部中，徒令國計無虛，小民無告，彼此報君報國，在此一着。諸臣無以爲泛言，臣又惟今談吏治者，上之重望撫按，下之過望郡縣官

人人能言之。臣惟撫按尊，尊則于縣官遠；邑令勞，勞則情狀良苦。爲令日，令猶苦繁文，日盛應接不暇。惟是朝廷各處設守巡二道，曰觀察，觀者示之則也，察者察民之故也。此其于關繫，良非細矣。曾見有屬吏持尺帛寸絲登撫按之庭乎？所以望之嶽峙淵澄。曾見有縣官不持儀物登觀察之庭乎？生辰令節，廷實畢陳，情根欲根，遞相灌注，堂堂法司，恐一塵眯目，四方異位矣。撫按銓曹何所憑依，良

歸責守巡亦是

令受其扼塞。蒼赤安所庇蔭。臣嘗言吏治惟西江可觀。而湖西又稱極盛。此外如遐陬僻壤。天高日遠。任其咆哮。勢不可問。海內如之何不貪。不徙。不悉咎也。臣束髮見知。除現任南北三四大臣外。不必言。則有知府張振之。汪可受、范淶、竇子偁、衛承芳、許孚遠、丘度、伍袁萃、彭應時、曾臬、陳以躍、賀沚、蕭廷對、鄧以誥、蔡承植、張偲、楊植。此皆清時孤鳳。琴鶴相將之清臣也。此臣所知者。未知者。諸臣不妨

再拈。知諸臣雖少雖隱。齒頰猶芬。使人聞之有艷心焉。今天下歲于責撫按。而寬于責守巡。所以吏治不清。法紀不張。不知守巡者。兩臺與郡縣之轂也。轂不轂。難稱民車。觀不觀察不察。難稱司憲。臣謂宜超遷清品。以使之勸。又重懲汚濁者。以祛其垢。庶幾海宇一清。不然。今日堯舜在上。不能化而入也。臣又惟中間亦有豪傑賢哲。但隨方就圓。不肯拂情。不肯立異。遂站脚不定。臣言未必有濟。然以此言。呼醒世間大夢。得一洗坌埃。未必于世無補也。臣因論遼餉而及虛糧觀察二事。臣老且憊。時時薜蘿在念。寧復知有忌諱事。報國日短。憂世心長。嗟乎。知我者。謂我心憂。臣亦憂民之憂而已。

天啓元年七月二十七日奉

聖旨這所奏有關國計民隱着該部集議具覆

敬陳愚悃疏　刑部侍郎
先是南臺御史王允成疏內、有臣與僉都御
史王德完、徵有參商、臣向德完曰、兩尭夫。名
乎。官乎。名與官。臣方慚媿不暇。此無異兩村
農携手邑城、邑人唆之訟、至對簿、茫無以應
也、德完屢疏乞歸、臣過語曰、
主上隆恩、羣臣推轂、出固難、處亦不易、且
光宗皇帝、大事伊邇、非臣子言歸時、德完不以
臣言為不然、臣又語曰、我年力已過、自度已

審、束裝弛擔、即有來舟作歸舟之誓、里中姻
婭所時聞、亦德完所聞也、今南道御史趙應
期語云、德完如去、臣亦必去、臣業具疏上聞、
數有止臣言者、臣遂止、今臺臣李昆棟又言
及矣、據兩臣言、是臣去留在德完。不在臣。如
孤舟飄泊。隨風行止。此語既未知臣。亦非所
以知德完也。臣年長德完數歲、形容摧殘、迂
腐自安、德完才學力量、百倍于臣、方出山、正
宜期之作世津梁、動輒以一去、與腐臣衰臣

竝提、亦非所以成德完也、易曰牽復吉、象曰、
牽復在中、亦不自失也、兩人原不自失。或去
或不去。總之惟義所在。不必為兩臣過計也、
人生墮地各留一影暫寄人間甲不問乙。乙
不問丙。流行坎止。原有定數。形骸爾我自障
障人臣之所恥。亦臣之所懼也。昔有語都人
士各分畛域、相靡相刃者、臣語之曰、天下神
器不可執也、執之者非也、空中花果、無蒂自
落、俯仰疇昔、真成夢幻、今無端又借兩臣提

唱、此必有交搆其間、臺臣為其所惑也、臣嘗
語諸臣曰、識時務者是在俊傑、
今上冲年、寇在門庭、惟有同心共濟、以毗一人、
以濟蒼生、倘黨同伐異、在國則不忠、在家則
不孝、夫
陛下用臣、與父母育臣、固相期以為忠臣、為孝
子、若不在朝扶元氣、培善類、救萬民、鬼神亦
陰殛之。以言救黨是抱薪救火也以身植黨。
是披襟受矢也。黨人與黨于人者。皆不自愛

其身也。臣自入朝了公事外、言臣卽素相慕向者、一刺外絕未嘗過而問焉、世途嶮巇、風波無味、卽簡懶非過、若如四十年前、三三兩兩、口若馳鏌鎁、心若懷詛盟、臣自少恥之、通籍四十五年來、諸所爭事、並無臣名、豈老不知痛癢生活至此、臣以此言上聞、蓋欲使天下曉然、知世間自有無偏無黨之路、立朝自有公平正大之體、今日何日、今時何時、共圖禦侮、固我門庭、是所以報君父者、若從屋裏

起戈矛、非純臣事、應期以曉業期臣、其意良厚、不知古人出而有爲、迫而後應、非有心求可求成也、三十年前、臣尚能驅馳以効一臂、少旣蹉跎、老亦何爲、仰思千古。逐客流人賜環。有可紀述者自歐陽修、范仲淹王守仁外。卽賈誼、汲黯、鄒浩、胡銓。長沙、淮陽、田州、瓊海歸。惟史書其間關狀而已。豈其膏華竭于暮年耶。抑長駕促于短馭耶。臣惟有全歸一路。白心馴行。以報淸時。以謝知己。舍周道而別

求波斯。舍平淡而別逞雄奇。必非素位。臣萬敎不能。良棟與臣未面、閱仕籍合州人也、合州鄒智桑梓之邦、其人雖往、其風猶存、記臣往典司封郎時、曾題鄒智宜贈與謚、並不以官爲輕重者、大學士陳于陛、過而稽首曰、此我鄉先輩、重勞存念、我輩且愧且感、今輔臣何宗彥爲之請謚、先輩流風今可想見、先輩眼孔高、胸襟大、相信相期在名相區域之外、臣欲歸也、以老以病、夙存于心、臣去非潔身

詔非干進、宵燭末光、獨往獨來、決不用人爲行止、良棟可信臣言矣、臣請得竟言之、南都流傳、與言臣誤聽、想只爲會議李三才一事、當日情形、六卿臺省具在、一一可問、臣未曾强言三才必欲用、德完亦未嘗言三才必不當用、但云山海關可用、若入中朝、我亦不肯、當日言止如是、何同何異、何參何商、定者自定、波者自波、臣虛舟視之矣、不謂今日溢言、勞臺臣卜度至此、臣愚謂今日人臣、當自愛

其身，自愛其身，而後能以天下之身爲身，以
天下身爲身，則宗社安危，萬方愁苦，可驚可
懼，可哀可憐，方被髮纓冠不暇，寧暇爲人言
所惑哉，臣疏欲上月餘而止，茲不得不言者，
恐蔓延日衆，人國無補，臣故敢瀝衷以告，亦
欲與同心共知共繇之而已，
天啓元年八月十三日奉
聖旨朝廷簡用老成正欲同心共濟這所奏具
見公忠維世之意御史昨奏已有旨了

公此一疏爲黔籌畫盡矣非於深林密箐中盱衡日久不能如是透切

直陳黔省夷情疏　刑部侍郎

項者
皇上初登寶極，綢繆東事，宵旰良苦，而邇又以
黔事告者曰，苗不治，禍將日深，臣竊謂患不
盡在苗也，爲道路梗者，苗止十之三，而播弄
可恨者，蓋有數端，請熟數
陛下前，其一曰馬戶店戶，凡自楚入黔者，道必
繇沅州晃州，清浪平溪鎭遠而上，自滇問楚
者，必繇平夷亦資孔普安州，安南新興而下，

輜重若干，馬戶店戶，盡在阿堵中，客未起程，
線索先通矣，如北直店家者然，節節布置，人
人聯絡，客與遊宦，未有能出其彀中者，出而
劫于道，則有浙江江西四川湖廣，流寓久而
不歸，及市魚鹽瓜果爲生者，多攙入其中，久
之化而爲苗，苗倚之爲命，諸弄兵徂詐，多出
其手，又諸紅兵哨兵，陽屬招募，陰爲苗導，所
劫客貨，紅兵哨兵，私而分焉，哨官亦有猫鼠
同行者，可恨也，今欲處此，令道路無虞，臣謂

甚善

破的語

不必用兵盡苗之性如走鹿然東西徙倚不可方物大兵之集其風必遠彼偵兵來楚粤滇蜀深山大壑便足藏身草衣木葉便足蓋頭洞猿巖鼠便足充饑大兵不能久持一退彼復至矣如箒掃竹陰箒去陰存此惟在處置得宜服其心得其情耳不服其心不得其情年年稱兵迄無了期道路所憂者不過鎮遠偏橋興隆清平楊老平越新添龍里六衛六衛中苗出入不過秤鈎坡孫家墳楊柳衛

東坡相見坡觀音坡界牌撫化衛平彎哨老軍關石坡坡長衝母猪洞水橋數十處上官不知各衛官未有不知苗之寨諸縉紳武弁家多置佃焉與之刻木為信數年不爽豈有能奴使之信成之而不能治之耶臣愚謂不必另設將官宜以清浪新添兩參將都清鎮遠兩守備于六衛互相巡視選各衛精壯驍勇屢立戰功如鷹襲指揮戴應龍者其人與各衛官相參而用計時瓜代朔望令馬戶店

將官張虛聲徼兵徼賞萬人一心

戶各通執結查比有事者輕則罰重則戮若是得其要領矣又令諸官於各險隘出入處每處建敵臺一座彼敵臺與北邊不同一臺費百金即稱金湯蓋其灰與石價廉而工省也又令有才者買紅白布弁襆繪入壘宜示

國家大威

聖皇不殺之恩然後設苗總甲以總苗事又於其出入孔道責令熟苗聚屋而處如保甲然又闢地與之市凡三日一市令各土官如獨

山如平州如爛土如豐寧如凱里司如樂平如平代如平定吳王二司等各畫界而治其地有犯者問諸土司土司法視漢更嚴如是處置再不寧靜用兵未晚也語寢兵之說于黔之總兵總兵不然問之參將參將不然問之遊擊守備遊擊守備不然其不然者欲興大兵一以緩失事之誅一以飽家丁之腹一以徼報功之賞其心如火之始燃欲撲滅之不能也故多不然也不知諸苗出入劫掠倏

聚倏散，乍多乍寡，亦無紀律，亦無車馬，所恃
不過綿被一牀，毒弩一張，豈倭虜比。有好將
官，用心料理，不煩當事血指，小小瘡疥，抓搔
之而已。地止數百里，上自總兵，下至守備，擁
材官及衛官數百餘人，食朝廷無數錢糧，犬
馬尚思報主，動輒以兵事聞，總緣朝廷三尺，
久已淩替，將官失事，未有嘗誅戮者，倘有法
無赦，彼自將凛凛畏法，不暇爲偷生計，大都
言興兵者非良將也。語云，兵不祥之器，不得

已而用之，寧可以萬不得已之心，行一不得
已之役。二三十年間，如播州，如皮林，如路苗，
如諸•老苗，郭子章、張鶴鳴手提一劍，力掃攙
搶，爲地方久遠計，屈指黔不得休息者，蓋數
十年，斗米千錢。今聞其地荒疫薦臻，大兵之
後，必有荒年，良不欺我。譬之病人，既久尫羸，
又復針灸，萬無生理。臣嘗以此言于尚書張
鶴鳴，鶴鳴曰，六衛可，如兩江、播州、紅苗，不用
兵不可。臣謂紅苗責成思石道，鎮遠府，施秉

縣，可撫則撫，可勦則勦，此道府縣之責。播州
責成辰州宣慰彭元錦，蓋元錦欲藉之以固
門戶，故佯爲不知。鄰楚者責楚，近蜀者責蜀，
近貴者責貴，三省時而夾攻，時而獨攻，臨期
斟酌，不然我殺愈多，彼恨愈深，殺機一動，勢
必蔓延，有開闢卽有此苗，有此苗卽有此跳
梁。語云，東方之夷，原有九種，不知九種之外，
更幾九種，此皆天地卵育，能盡血洗之乎，不
能血洗，則無如以生之道殺之也，生之之道，

在威諭之恩撫之，令彼深耕易耨，彼雖冥頑，
未始無性命之憂，家室之戀，果未馴服，用兵
何難。蘇子曰，夷狄不可以中國之治治之，治
之以不治。乃所以深治之也，見高千古，眞得
御夷之道。往者播酋之禍，亦好大喜功者挑
之，入其疆，滿載而歸，不遂者遂惡語流傳。上
官爲其所誤，令彼疑而作亂，兵連禍結，今雖
開疆闢土，然元氣中國先受傷矣，雨露霜雪，
竝行不悖，

好語

零雨悽風慘然在目

青螺先生點功勞苦公爲敍述生面徧開令人讀之可以感激

陛下應天時行之弘仁也、人臣事君有有功之功有無功之功無功之功其澤彌遠其味更長天下貧苦故極未有如黔之貧苦四面皆山刀耕火種所收幾何協濟幾何協濟應手幾何士與民交苦而官其地者卽大吏且難之入其地人人蹙額。故樞臣郭子章備極苦心先後撫臣皆言其一腔熱血爲夜卽竭盡近尚書張鶴鳴談之甚悉讀其誄文可泣千古益其苦處眞處有他人不知鶴鳴知之鶴

一時流涕千載

鳴與子章未面。獨稱其勞苦功高。何心哉。益亦身臨苦境難境而知任事之難也眞大臣之用心矣子章勞臣也功臣也與其使他日入其境讀其書摩其壘。問當時與安酋歃血爲盟處播狀撫髀與弔古之思、不若使臣今日肝衡。一紓勞臣之憤。恩典在國家。公論在人心。臣不敢必。臣不得不一言以壯任事者心。臣熟知黔事。叢棘深菁。半臣足跡。若逢多事之際。能以言省一事。卽是一事。不一言上

繇衷之言鑿鑿可聽

紓當宁焦勞。下解地方疾苦。是昔年竢罪無一矢一鏃之勞今覩其肝腦塗地眞所謂一度桑乾忘却并州臣義所不安矣至謂若不用兵、黔將來非國家有、臣謂千年萬年。黔在明朝掌握中。益其地楚蜀粵滇。七通八達。稍一垂鞭、河山生色。何憂乎有苗哉臣敢以身爲質、臣又有說焉、今人人言兵、人人言徵兵。兵日增、餉將何處、問之民間、刮盡無餘、日日說屯田。是口角屯田耳。頃御史左光斗、言天

津一通判盧觀象、開水田數百頃、臣聞之喜、及盧觀象見臣、談之鑿鑿有據、向叅議吳撝謙言之再三、如是眞可見之行矣、得若臣十餘人、令之專職理農、如古富民侯、治粟使者然、開過田若干頃者、陞俸一級、京畿薊遼、多可開之地、今其時矣、昔徐貞明礽言水田、乙酉丙戌、一旦行之、以人言止、今都門有市草薦者、三四十年前。目不覩此物。非卽水田之利耶。臣覩之心開目明。謂西北從此富饒矣。

漕粟從此可減矣。燕都靈長之慶可卜矣。水田深岸叢溝，戎馬不得馳郊矣。請臣何憚不早計之也。當時所以止者，蓋緣以官開，民恐其土地屬之官。今以法教民開，屬之民，萬無不樂從之理。戶部尚書汪應蛟，素矢忠猷，目覩天津事，恐于議遼餉，開水田二事，入朝報國，不作第二義也。臣拭目俟之。臣西江人，地方皆力本治農，儉嗇爲生。臣在山數十年，亦率僮僕入深山，力田爲事，故不覺言之有味。

望諸臣以理家念爲天下念。臣退居耕鑿，亦有餘榮。臣苦心熱腸，不能已已。惟

陛下勑當事諸臣留意，不用臣言。他日必有思臣言者。項

陛下有幹實事，無事空言之旨。臣言正實事，惟

陛下裁擇。

天啓元年九月二十日奉

聖旨：這本說黔省夷情甚悉，該部確議具覆。

附上內閣書

居常思列位老先生，當今多事，東事方急，西事復告，而又以黔請兵請餉，不一言聞于閣下，是閣下焦灼無已時也。欲知山下路，須問路頭人，不肖不但路頭人，蓋坐臥遊息其中者六年。情形滿盤托出。閣下閱小疏，即知不肖非勦說，非漫言。天地大德曰生，只是資始資生。閣下乾坤在手，望急救此一方民。軍官失事，在正法，每年不可使之缺俸。哨兵不可

使之缺食。又令彼中兩臺兩司，年年賞罰分明，俸餉時給，則軍官與兵，未有不用命也。至于士夫公館，間有劫掠，亦緣公館在深山中，四面墻垣倒塌，地方官不嚴處。若繕公館後，置一土庫高樓，士夫以行李夜置樓上，即酋亦來劫不得，則酋自息矣。一有酋至，樓上鳴鑼，酋且縛而置之死，何難。大都在地方官精神着實行事，不得玩愒。望行之彼處撫按，留意虛受。不肖言，萬不得已也。閣下俯亮枯木

朽株之人。爲救焚纓冠之談。豈得已哉。知我
者爲我心憂，不知我者爲我何求，悠悠蒼天，
此何人哉，老年迂濶，眞實濟度人也，臨書伏
乞矜炤，

鄒忠介公奏疏卷之三終

鄒忠介公奏疏卷之四

吉水 鄒元標 著
清漳 何楷
吉水 劉同升 仝較
新昌 黃國琦
梁谿 王孫蘭
候官 林銓 評閱

辭免憲職疏 吏部左侍郎

臣于本月二十三日，接到吏部咨，爲遵例會

推，計典又迫等事，奉
聖旨，鄒元標三朝遺直，朕豈不知，但以總憲佐
銓，俱是協同大典，卿等既說風紀重任，首推
至公，鄒元標准陞都察院左都御史，計事期
迫，着卽日到任，不必例辭，欽此，臣無任懽忭，
無任悼悚，臣惟都察院爲嶽嶽森嚴之地，而
都御史猶泠泠巍峻之斑，必肅之表儀，而後
萬邦作肅，必貞之紀律，而後百度惟貞，苟非
其人，誰敢輕任，如臣元標，少旣伉浪，老復蹉

跎、繫息巖泉、差守衙門之分、振衣廊廟、恐貽
皇路之羞、未能自道自成、安望人綱人紀、口
言退而得進、心欲歸而復留、似屬兩違、恐成
俱負、敢辱高位、以孤眇衷、懇乞
陛下容臣辭免、臣於分始安、臣曷勝惶悚竢命
之至、
天啓元年十二月二十日奉
聖旨、卿忠直雅亮、品望素隆、總憲重任、特茲簡
畀、即遵旨到任受事、不准辭、該部知道

到任謝恩疏　左都御史

於本月二十四日、接得吏部咨、爲懇乞
天恩容臣辭免憲職、以安愚分事、奉
聖旨、卿忠直雅亮、品望素隆、總憲重任、特茲簡
畀、即遵旨到任受事、不准辭、該部知道、臣當
面叩恭謝
天恩、緣届春初、慶典駢臻、例不敢違、臣敢具疏
奏謝、念臣元標、初年有志、老去無成、筋骨衰
殘、忽毛髮之已白、歲月荏苒、獨肝膽之不泯、

目瀆宸聰、乞安常分、乃荷聖慈篤厚、天語叮
嚀、即著欽承、不容辭免、渙其大號、屬恩命之
尊嚴、察以周官、知計典之重大、臣敢不仰體
疇咨之旨、對揚特達之知、滌慮洗心、臨止水
以拭殘髮、飭躬礪行、對青天而皎寸心、微顯
同盟、初終不替、臣無任感激、無任戰兢之至、
天啓元年十二月二十六日奉
聖旨、覽卿奏謝、知道了、該部知道

陳愚悃以襄計典疏　左都御史

臣奉恩命，於本月二十七日赴任訖，共事計
典，不敢不盡其愚慮，是彝也。有謂
陛下初政百官，維新之始當嚴，使人有所畏而
不敢犯；有謂
陛下初臨萬類，解網之日宜稍寬，使人得盡情
而可自新。臣謂皆非也。其人果可原歟，當察
其故而原其情，何忍以人功名博自己風力，
是刻也，刻臣等不敢。其人果自取歟，當為懲

其一而儆其百，何故以民脂血長醜類貪饕，
是縱也，縱臣等不敢。裒多益寡，稱物平施，臣
隨銓臣後，惟為天下惜人才，為萬姓惜民命
而已。至於貪可懲也，拏問者務嚴為追贓，不
然貪吏不羞其名，實飽其腹，汙濁流風，何所
底止。才可用也，改教者須退處數年，不然既
毒赤祉，又毒青衿，將使芹宮蒙恥，嗟其何及。
卓異中可需邊才者，另為提出，既得良吏以
安內，又得奇才以攘外，此綏萌隸固疆圉之

要策也。臣等所矢心以報
陛下者，惟此而已。至于未盡事宜，臺省纚纚詳
具，茲不復贅。臣等在內在外，必不敢故為異
同，務希協恭和衷之美，天日鑒之。

天啓元年十二月二十　日奉
聖旨：覽奏有裨計典，邊疆需人，着用心咨訪，務
得真才。該部知道。

大敵在門宜先安戢疏　左都御史

頃者廣寧告警。人心皇皇。迺計偕士子有歸者。夫士者民之望也。士旣如此。民將何處。宜查再有歸者。禮部定行除名。至士紳叨列冠裳。社稷有難。當與君父同憂。查有非係廻避外。而私自送歸家眷者。科道官參奏議處。士心旣定。則民心自固。民心旣固。始示商賈。開當者仍開當。回南者置之以法。則商賈心安。定米煤萊蔬價。毋得翔涌。則小民心安。多收煤在城。以備不虞。則都城心安。

皇上如日初升。國祚無疆。么麽小醜。罪惡貫盈。必且自取敗亡。不必倉皇。

陛下宜示吏部破格用人。兩司中有才名者。速入內以衛京師。至於京師城內外縉紳。亦宜示之聯絡鄉井。爲自固門戶計。才有可用者。無入浮言。不妨起用。里自爲保。家自爲衛。我主彼客。我逸彼勞。其勢在我。萬無他虞。又宜勑閣臣艸勤王之詔。急行山東畿輔。限聞警卽至。可得兵數十萬人。內外夾攻。彼退則冰泮。進則無路。天祚國家。洪福未艾。至於臣子章疏。朝上朝報可。夕上夕報可。閣部大臣。宜時召問。今日何日。危急存亡。在瞬息間。此在

陛下一振厲鼓舞耳。臣瞻望天廷。不勝憂危惓惓懇切之至。

天啓二年二月　日奏

聖旨這所奏各官送家眷及舉人先歸的已有

諭旨了。餘着該部行

城守事宜疏 左都御史

頃者奴氛告儆，人心皇皇，諸臣僉以保甲守門為言。蓋保甲前年已有冊籍，茲復再為詳查，各城再添五員，專以清保甲為事。中兵馬司則御史陳九疇，東城則御史李應薦，南城則御史李日宣，西城則御史張汝懋，北城則御史畢佐周，更替仍以三月為準。各門除科臣派守外，崇文門則張捷，東直門則潘雲翼，阜城門則楊維垣，西直門則蘇琰，德勝門則

徐揚先，永定門則董羽宸，左安門則賈毓祥，右安門則潘士良，廣渠門則謝文錦，西便門則王大年。內外門十，御史凡十人，各定界有差，譏防惟謹，仍照例咨兵部量撥兵番數人、馬一匹，以便諸臣早晚巡行。諸臣言曰：職等為

陛下耳目臣，登其都門一隅，敢不悉心巡緝。顧在四方，則以一人巡視，專而易；在都門，則以衆人，訛言溷而難。如守門有勳戚，有省臣，有部臣，各門兵月二班，每班計二百五十名，中有五十名不可詰問者，有聞職等至，先斂錢臨期雇人，點名後即歸者，利歸不可詰問之人，而或溷傳典守各役，此不可不察也。臣始知訛言不可盡信，臣告之曰：都門奸宄輳集，面生可疑者易察也；在衙門叢集亂法，玷各縉紳名色，及近日所發假印、增減文書之類，侵領官銀者，當察。令

聖天子憂焦之時，諸優人般樂荒於酒者，當禁。

禮樂明備之時，異言異服、冠履不正者，當法。各兵馬因是科斂者，當逐。或于曲徑斜街，各有長弁，擇有行誼為鄉里人信從者為之盟主，急之則擾，緩之則弛，惟大加意。念諸臣亦必洒心以報

陛下。至于每門設勳臣或大臣、科道、兵部司官數員，設備禦防患之具，無得臨期倉皇，則又非此數臺臣所能獨辦也。俟諸大臣財擇而後行。伏乞

陛下、再加嚴諭、俾諸臣各知遵守、至于各衙門增減文書、汙辱縉紳名色、發覺假印假文書、及眞正奸細者、得一人、

陛下勑吏部特爲紀錄、各部大臣、無得護短、清査奸弊、正今日一大急務、使法之必行、而綱紀不至長此凌替、庶大小諸臣、得靖共爾位、不然、相視莫可誰何、共相嘆息而已、此察內奸之一端也、臣因申城守而併及之、

天啓二年　月　日奉

聖旨這守門各御史已分派着用心稽察毋致疎玩餘依議行

陳庸見以挽頹波疏　左都御史

臣橐棄殘生、荷

陛下隆恩、授以重任、惴惴不能副任使是懼、茲逐隊計典之役、臣竊有慨於衷、矢心與多方多士、共相期勉、臣惟綜覈吏治、內則部院、外則藩臬、互相表裏、衡重也、而近覺世之重者漸替矣。非人替。乃自替也。部院豈能萬耳萬目、以察百官、一以藩臬爲定、臣近共事諸臣、中間錙銖不爽。挺然無回護者固有、亦有欲

言未敢盡竟者。在內如此。在外可知。蓋先是章奏考選。動多掣滯。天下遂化成一。情緣世界。情欲相感。事事遷就。人人躲閃。今

聖天子首出庶物。正新沐彈冠之會矣。倘能嶽嶽爲朝廷持三尺者。不妨超遷以風有位。此振勵藩臬之要道也。世間倚守令爲司命。守令亦有苦情難言者。邇來催徵之苛。遣餉之害。上與下情不相貫。安堵家喩戶曉。難言者一。數年在事。如奏績。如入覲。不通長安書者。

千百中不得一。難言者二。今除宜留者留、四年即足、不必過求、未留者宜早之任、且當均審丁糧之時、以一年管民間十年欣戚苦樂。早一日、民受一日之賜、使匹夫匹婦蓬門單巷、無虛糧虛丁之楚者。今其時矣。戀戀都門無為也。歸而謁諸司道、當以誠、以正昔俗奢靡狀。一切洗滌、無以此再辱憲司之堂、憲司多賢也。亦必恥而不受也。不然、祖父不能得之孝子慈孫。衣冠元夫。此何為哉。宜痛加挽

回矣。不然、有巡方白簡在。都門者四方之表儀也。今衣冠羣集、正示人以則傚之時矣。臣常思今天下民窮極矣。處處瘡痍、人人愁苦。以一遼事、騷動海宇。欲罷遼餉、一時難必。熟思救時之法、惟有急挽風俗一着。風俗之壞、莫甚侈靡。語云、國奢示之以儉。都門一日、海宇之卒歲也。士夫一席、庶民之卒歲也。每事節省、稱禮而止。諸郡邑觀望而歸、以挽回天下。其機漸易。世陰受其賜不知。此今日急務

有道名言

也。臣猶有說焉。計偕諸士子、四千餘人、此四千餘人者、第與不第、皆百萬生靈所寄命者。趨向不正、世道何補、民奈何不苦。必從今于諸士子登第者、入官者、先樹之鵠、示之以儉、臣記當時後先同事、揮霍者多、不令終、而能其官者、大半硜硜守法之士。不謂今四十年、相懸至此。一進士至負責千金而出都門、此何說。夫儉朴之風、一科勝一科、可以宜民、可以宜人。奢侈之俗、一科競一科、凶於爾家、害

今人全在交際不知道義為何物矣可嘆

言言警惕如大善知識開示衆僧要有根器者方堪受記

於爾國。欲為清白吏、難哉。此風可挽。臣言可思矣。古人相期相成、報恩酬知、不在交際、情濃而在道義、情真臣敬特表出、使計偕士子、有定志、有定力、焉腳根不定、以千萬𢾺祖宗培植、父母教育之身、得一進士、虛負一生、又斷送海宇衆生、大可哀憐。諸士子必有以臣言為中流孤航者、不作夢語也。倘能挽流波萬一、衆怒群猜、臣所不計也。

天啟二年二月初六日奏

聖旨覽奏深切吏治士風得救時急務都要着
實遵行該部院知道

確然之論

因患思防以衛都城疏　左都御史

該巡視南城御史李日宣，于天啓元年十二
月內題前事，隨奉
聖旨，都會近地，刼掠公行，該管官不行詰捕，成
何法紀，這巡警事宜，區畫周悉，依擬着該城
御史并京府提督相關衙門着實舉行，有仍
前疎玩的，從重叅處，在外各地方官，有弭盜
安民之責，通行各該鎮將撫按官，嚴加申飭，
不得因循釀患，該部院知道，欽此欽遵，該臣

看得明君之撫世也，曰居重馭輕，重不可動，
因其不可動而堅固之，故曰地山磐石，聖人
所以深固其業也，易之坎曰，王公設險以守
其國，曰設險，古亦有設而成者，設而成者，是
以人力奪天工，無軍兵而勝，無衝擊而攻，無
溝塹而守，從古已然，當無事之時，一望莽蒼，
盡為化國，當軍興之日，得一亭阜，即是長城
此御史李日宣，長慮却顧，所以有建墩堡之
疏，而

說得痛快

陛下允其言，欲概行之各省，以錯國不傾之地也。顧先自都城外，歷盧溝橋以至良鄉界起，村寥濶約五十里，計墩堡各十所，每所約費非百金不可，合十所非千金不可。聞御史李日宣奉旨後，即捐俸二百金倡，而順天府丞郝名宦率屬宛平知縣劉國英各捐百金佐之，事幾半矣。餘還須該府屬邢移支給，俟役竣，該御史題請工部銷算，葢事半功倍，一勞永利，法莫良于此者。墩堡既築，巡守當議，應

如該御史所請，督捕與順天府屬衙門遵旨，各據信地，增設軍兵，及時修備，萬萬不可緩也。惟

陛下慨然下德音，幸甚。臣素有慨于中焉。臣弱冠登朝，覩國家優禮邊臣者，葢從古所無。一報首功若干，宮保金吾，如取如攜，不知首功豈眞血戰而來。夜雨秋霜，寃魂呼號于荒原絕塞者，不知凡幾。國家明錄其功，冥司陰紀其罪，勢所必然。我

可爲雪涕

穆宗朝，自王崇古議市和外，爲蒼生息狼烟，甚盛事。

神宗朝播州首功是實，其眞實從塞上爲萬年基者，自譚綸外，臣得之山西巡撫魏允貞。手築城修堡，鈎繩相布，銜橛相制，眞勞苦功高，乃勒之歸，而沐重眷殊恩，半是人爲，非眞能爲國眞疆圉者也。臣往年疏屢言之，故取世忌嫉。

陛下不信，攷四十年金吾若干，覩

世宗朝何如，便知國家隆恩有加無已。諸臣叨冒，名過其實，後來者循名責實，不知何以致慨於今茲焉。不然，若眞正爲國固封疆，入可守，出可戰，遼東一片

祖宗櫛風沐雨地，何至今日如此。臣愚謂昔之取邊臣者，半是私人，欲其速化，借徑以就功名，故封疆敗壞，淪至今日。今之用邊臣者，當從其才品，能不隨時就功名，而肯建威銷萌者爲上。建墩臺十座，當首功十；百座，當首功

斷送遼東片土，莫非私人事。至今日益當服公之識，用公之言矣。

持論雖刻然亦只欲邊臣實心做事矣

百城池修封疆固如是即加蔭非過論罪以
去任三十年後方不坐或在三十年內地方
有事仍後先追及奪其官秩罪其子孫事發
下兵科查明如是國家金甌之業庶得永固
彼在任必視國事如家事不然未有不至如
今日之邊也臣稽往牒巡撫葉盛言守京師
者邊關爲急專務修邊牆建墩堡置飛木飛
石墩堡上每山坡處削成峭壁東西數百里
歸以圖進督撫余子俊自寧夏清水營至花

馬池修築邊牆綿亘二千餘里每二三里間
爲對角敵臺崕砦連比不絕於其空處築堵
者三橫一斜二如新月狀以偵敵避射凡爲
墩堡崕砦計千餘兩月厥工告成又在宣府
亦如之更多挑壕塹以禦虜馬而翁萬達築
邊牆東自老營堡西距滑石澗延袤二萬丈
親自區畫凡牆埤之近遠壕塹之深濶曲盡
其法強虜不敢仰窺皆築垣守要之力也先
輩爲國戮力至此仰而思之今人眞堪媿死

須奉
明旨煌煌乞勑諸臣力爲仔肩臣且速行之各
省撫按官于各要害地方如御史所議設法
修築以戒不虞至各邊塞猶加謹焉每年閲
視科道嚴查邊臣在任建墩堡若干即與題
敘不者有重罰無應故事無徇私情庶人人
知儆從今大加整頓國事猶是可爲無以臣
言爲愚國家幸甚

天啓二年三月　日奉

聖旨建造墩堡有裨防守着各該衙門增兵修
備餘着該部議行

奉旨集議遼東經撫疏　左都御史

准兵部咨、爲遼事日危等事、奉
聖旨、這會議事情知道了、不必深辨、昨經略官
言未盡羣情、爾部還再同大小九卿、科道官、
作速確議歸一來說。不得仍前含糊塞責。欽
此、又奉
聖旨、東事緊急、差官還着併議來說、欽此欽遵、
恭奉嚴旨、謂廷臣以經撫不和、必會議歸一
之旨、臣方有討吏之役、未得隨諸臣後、然不

敢不盡其私衷、臣惟歸一之旨、
陛下意未有所歸、臣等未知定于一也、臣等先
言二臣之人。而後及其餘。臣王化貞、自遼三
月失事後。化貞以隻手撑持廣寧至今。且得
廣寧人心。又意欲聯絡西虜。虜則獨至。意則
爲國。亦可消敵人窺伺之端。未累一級以酬
其勸。此其功不可泯也。廷弼自歸聽勘。後適
有遼變。人歸咎言者。
皇上特詔起之田間。都人聞其至。歡欣鼓舞。

說夢人無奈之何

陛下爵以上爵。寵以殊禮。廷弼畫三道進兵之
議。聞至廣寧日。拮据搶攘泥淖中。身試戰具。
額額言守。其策原未失也。今右化貞者曰。倘
用其計。必且縛奴酋頸獻之闕下。臣等謂昔
撫順鐵嶺。開原瀋陽遼東未失時。以四大營
兵。未有成算。墮其計中。今何言之易也。今右
廷弼者。謂計原未失。多有側目。而廷弼又疑
廷臣欲傳刃其腹。不知廷臣係大臣。廷弼無
失陷城池。失誤軍機之律。縱有褊心。似難輕

當日之事甚費調停無非左右袒也

坐廷弼之疑過也。今欲去化貞乎。一片赤心。
奴酋聞之亦有戒心。化貞不可去。欲去廷弼
乎。三載勤勞。奴酋亦熟其名姓。臨敵安能易
將。以資敵人。廷弼不可去。
陛下獨斷乃可。臣等謂今惟有責成二臣而已。
如可戰也。化貞有兵六萬。及土兵西虜諸人。
乘時而進。即不皆取必廷弼亦可。功成有所
歸也。如必守也。化貞既行。廣寧空虛。廷弼寧
能坐觀。當提兵爲化貞後勁。論功亦當竝提

此說甚是

此廷臣爲誰何不能容一芝岡惜哉

也。經不能攝撫。撫不能聽經。則惟有各尊所聞。以行其志。經略之名。可不必過求也。雖然今日事。各當自反。汝惟不矜。天下莫與爾爭能。汝惟不伐。天下莫與爾爭功。今日功能尚未有見。動輒以盛氣凌人。臣等爲廷弼惜。知廷弼之性。爲國家而用其力。亦當爲國家而憐其才。古今駕馭豪傑。籠絡人群。亦必有道。廷臣俱當自反。社稷有事。主憂臣辱之時。豈容以口舌爭雌雄。惟

陛下鑒二臣之愚悃。臣不勝惓惓。至于特遣大臣科臣宣諭。無論滿朝皆以爲不可。臣等亦以爲不可。夫人所昇許者寸心耳。心苟昇也。秦越一家。心苟異也。肩面南北。二臣寸心如石。既難卒轉。卽一遣再遣何爲。胡不以前遣科臣往勘事觀之。今卽遣人。有戒心矣。世有負百鈞之重者。越峻嶺。度深壑。胞喘膚汗。必竭蹶趨者。知百鈞我有。無所釋其負也。社稷何物。君命何重。豈百鈞可比。三尺在前。淸議在廷。胡不深夜爲性命憂乎。連年來。萬方竭膏脂以供一隅。各部器械。亦既大備。此無所籍口矣。擔不可卸。責不可委。賊滅則朝天有期矣。臣等爲諸臣願之壯之。

說到奉制
三方布置
令人心灰

眞

計議經略疏 左都御史

頃者經略僉推解經邦推後無論人皆曰當
即總督王象乾亦致書堅其朝發夕至也乃
經邦初有辭疏臣猶謂其例辭云爾及得其
再疏則歸怨于冢臣張問達矣是官之推蓋
非一手一足之力費幾許推敲而得之豈冢
臣一人得而主之人臣東西南北惟上之使
經邦言至此勉强赴任其情必不暢凡人情
所樂為者則其神必趨而赴强之以所不欲

而欲為國家禦寇難矣臣謂經邦不必强也
經略非穽人之官可無設也去年設經略者
蓋即欲為恢復計故不得不設然雖設而三
方布置之策左牽右絆徒託虛譚朝鮮登萊
杳無報効東望不見西牆南望不見北方何
益之有舉奕者當審先後着一着不審不勝
其偶而矧曰謀國今當以保守山海為先着
曰保守不過修邊牆塞諸口子虜入諸處而
已一樸實任事者能之臣愚謂經邦不來山

眞謀國之
臣眞經國
之言

不守山海
關專重口
子是亦一
見

海以一巡撫鎮之有餘永平添一巡撫兩撫
臣兵不貴多各練二萬精兵如常山之蛇山
海有事首尾相應精神凝聚收歛一年二年
三年如銀山鐵壁敵人無能動啓疆之思言
恢復未晚若着數未定先後無序徒費金錢
何益于事急圖恢復則經略不可不設專在
固守則經略可無設也不知有當萬一否惟
陛下詔廷臣財之舉世皆以廣寧失為憂臣謂
雖可憂無大足憂也渡三岔河與之戰是漁

于海萬不能得一彼住廣寧而取之是漁于
沼隨取隨得我以廣寧為餌恐彼未必以廣
寧為穽不然我知結西虜西虜思斷彼市賞
之利則怨生怨生憤我養精畜鋭數年提久
練雄兵十萬取廣寧如反掌耳不復廣寧年
年守山海無益此在廟算獨握無撓旁議庶
國事有定不然今日招兵明日招兵徒自敗
耳薊遼各口子專責總督每口子處委幹實
事部臣一人道臣一人將官一人兵若干月

月具報。某處興工築臺若干。限定今年終完工。工完後造冊送工部工科。另差科道查報。無循故事。務一勞永逸。他日壞事者有重罪。庶疆事可振。若循故事。不報不查。不重罪于後。則猶然破壞之封疆爾。臣無任愚誠耿耿之至

天啓二年　月　日奉

聖旨這本說的是巡撫官着該部作速會推來用

奉旨叅處回話疏　左都御史

本月初一日。接得宣府巡撫解經邦一本。危疆萬難再誤等事。奉

聖旨。人臣分義。當急公任事。不避艱險。解經邦連疏苦辭。顯是推避。邊務緊要。着該部院作速叅看議處來說。欽此。又接得太子太保吏部尚書張問達一本。會推經略甚難等事。奉

聖旨。經略推用。原出公舉。卿豈有私意。何必疏辭。解經邦規避瀆擾。甚失臣誼。已有旨着部院叅處。應否另推。併作速奏來。欽此欽遵。除張問達業已疏請。例不與議外。臣謹會同左侍郎盛以弘。右侍郎王舜鼎。議得天下有出于至公至虛。而不容一毫人力叅其間者。朝議是也。訖推經略命下。吏部尚書張問達遂人咨詢。朝罷六科公議于闕廷。十三道集議于朝房。僉推解經邦無異辭。會推日。尚書張問達猶欲加兵部尚書銜。衆議姑以侍郎銜往。從容加銜未晚。議始定。疏上。臣愚謂經邦

聞命促駕。不謂其一疏再疏三疏至以言加
遺張問達則過矣。人臣受國之爵祿不擇利
便。死生惟命。經邦既可以持鉞宣府。獨不可
經略遼陽。昔日之經略難。有遼陽在今日之
經略易。無遼陽。止畿輔一片地耳。經邦肯竪
起精神從此勒銘彝鼎未可知。不謂其縮朒
畏懦至此。幸而宣府無儆。萬一宣府有儆。經
邦將何之乎。大負滿朝推轂之雅。與國家養
士之恩矣。今當以避難論。但念人各有能有

不能。人各有獨知。人知經邦之能者。或以皮
相。經邦自託不能者。必有獨知。寧度而後任。
非任而後度。經邦之辭疏。語不擇音。雖非所
以教惇。然情或可原也。或罷或降。惟聽
上裁。臣等不敢必也。至于張問達虛心公平。銓
政方新。遵旨見朝謝恩。臣等不勝感仰。再照
人心玩愒已久。國家威令不行。當急難之時。
不能使一人凜凜。三尺何在。自後有再如經
邦其人者。臣等必從重糸究毫不敢貸。臣等

不勝悚息待命之至。
天啓二年四月　日奉
聖旨覽奏會推事情甚明解經邦已有旨了以
後再有規避的重治不饒

奉旨回話疏 左都御史

本月初九日早、恭逢
皇上御門、臣等侍側、覩有繳勑主事莫在犖、行
禮張皇、似屬違錯、臣等看得御史手執小冊、
意謂必糾、乃不糾而退、臣等方旁皇不定、忽
接
聖諭、上傳繳勑官行禮差錯、御史如何不糾、着
都察院堂上官回將話來、欽此、臣等不勝戰
兢、隨御史陳保泰王祚昌至、送揭一通、謂繳

勑原不在面糾之列、業已疏糾、蓋得之鴻臚
寺傳言、非敢不參、伏望
陛下查例、量賜寬貸、自後有繳勑領勑、當面糾
者、乞
陛下明示、或永著爲例、俾侍班官知所遵守、而
朝儀亦肅清矣、
天啓二年五月　日奉
聖旨、知道了、繳勑等官既係本糾、照舊行

雖按夏侍御實識大體

重巡視以肅皇城疏 左都御史

該臣等初六日入署、據四川道御史夏之令
呈稱爲巡視溺職、雖荷寬恩、理難復入、乞另
差更替、以重禁地事、職掌差巡視皇城、因參
運草內官馮忠、奉旨兩次切責、除先後赴闕
謝恩外、理合閉門思過、靦顏視事、法必難行、
伏乞鑒職眞情、另委更代、庶巡視不至乏人、
而風紀庶可稍振矣、等因到院、隨該臣等看
得據臺規所載、原有巡視皇城一差、必三月

滿而始更替、御史夏之令、既以資序膺差、受
事之後、馮城固所難容、忌器亦宜長慮、當此
積玩積弛之時、力加振作、而能濟以調劑、庶
幾爲眞風裁、乃力任巡視之職、銳然稽核、頓
使馮忠見爲難堪、誠有如
聖諭所云、狂躁異常者也、但臣等反覆思之、御
史職司糾參、況朝廷以皇城最嚴之地屬之
一身、使巡視、是彼雖外臣也、職掌在城內矣、
彼雖小臣也、防範則甚大矣、故群衆一出一

入。皆可執而問焉。凡物一草一木。皆當稽而
核焉。其形雖涉於過。而操心惟知爲國。聖明
日炤月臨。念其係巡視之官也。姑輕之而姑
罰之。蓋亦隱然嘉其能恪共乃職云爾。矧皇
城何地。今日何時。卽細加嚴察。猶恐奸人竄
入其中。且之令以得其職而謝事。將來者如
夏之令乎。則不終其事不如夏之令乎。則不
得其職無一可者。伏乞敕下。仍令完差事。并
乞敕內臣各相體亮。無得旁撓。庶他奸不得

觀望。或允之令別差。亦惟
陛下親裁。
天啓二年四月　日奉
聖旨。夏之令着仍完差事。不得推諉

覆方御史報滿疏　左都御史
據巡按山東兼監軍監察御史方震孺奏。前
事。臣舊年四月自請入遼。此時遼亦危矣。而
臣不揣庸懦。求入虎穴。其志亦可悲也。不幸
值經撫參商。凡事難做。臣未嘗不自知無死
所。而又思隱忍以圖功名。又欲自己受苦以
感動之。是以河上支持。整整七月。卽鎭武守
具。皆臣嚴氷在地時。六次往反。身自經營。撫
臣行且至京。想亦必有公道話也。豈料四日

之間。事遂至此。更復何言。惟有肝腦塗地。便
是滿期。又何須論歲月乎。但此時封疆爲重。
忠于謀國者。只當從封疆起念。不必從一人
起念。以臣病廢之狀。雖未嘗不靦顔羞臉。强
打精神。而其一段尫羸骨立。祈死不得景象。
卽天地見之亦爲慘淡。而其不能策勵做一
事可知也。昨樞臣至。一見而深憐之。卽欲爲
代題。蓋臣自言之。或爲套語脫卸。而樞臣固
眞心實意爲封疆者。彼豈有一字謊說乎。然

至言

臣非報滿又被人參論雖病死而亦不敢言
況西臺非戴罪之官無以臣一人之不才而
爲紀綱之官玷也伏乞
皇上速勑該院斟酌議差以急救封疆如謂臣
罪累深重則編置絕地使臣以戍卒而見關
臣亦無不可也臣一面具疏候命下一面將
印勑奏繳臣仍駐遼東地方候旨處分臣不
勝涕泣待命之至等因奏奉
聖旨都察院知道欽此欽遵抄出到道具呈到

院臣等看得今之過震孺者大都未悉當日
之情境也去年遼東一失縉紳望山海如投
重淵震孺挺身獨往欲得當以報
陛下舉朝無不壯之至山海二月餘遂有遼東
監軍之委蓋資不當及先是今吏部尚書張
問達掌院習其才而度次强之者也震孺受
命以來拮据跋涉頭鬚爲白風霜剝膚甘之
若飴聞將報滿臣方欲舉之爲勞臣倡迺忽
有廣寧之變臣爲其所遭之窮而悲之矣世

動以死事責人者便是不能成事

以死責之不知古人論人惟在成天下事不
必盡在一死且震孺職在閱功法不當死而
聞變日正在前衛考試諸生去鎭武尚遠孤
臣苦心啞子食蓮難言矣世有謂奏報時有
異同不知兵家情狀風風雨雨朝夕互變一
一無隱正其真心而尚書張鶴鳴目覩其嘔
血枯槁之狀亦爲動心其苦可知既以報滿
前來又以病請合候命下容其回籍調理病
痊之日出而再能爲國舒一臂始知臣憐才

一念不致虛負耳望
陛下念茲勞臣千辛萬苦無當有事解任事者
之心幸甚尸又有請焉昔遼東一差蓋爲遼
東而設今山海一片地耳與永平不百里而
遥另設一差似爲贅疣合無併歸順永保河
巡按御史又或併歸關差事體歸一而按臣
因巡方時爲綢繆之計更爲詳盡若他日大
兵之舉爲恢復計再設監軍未晚此諸謀國
者有同議也伏惟

陛下勑該部從長計議臣無任兢惕俟命之至

天啓二年　月　日奉

聖旨方震孺准回籍調治該部院知道

眞錄衷之言

惟欲保全元氣六字是南皐先生一片苦心

申飭考滿事宜疏　左都御史

查得憲綱事宜凡各道御史出差及考滿不職者堂上官詳爲考察方准復職該本月南京提學御史過庭訓六年考滿下河南道查核而該道御史潘汝楨送考語呈堂中有嶽峙淵涵金和玉節語臣與僉都御史馮從吾在坐彼此駭然此時所以頌先聖者庭訓雖賢未必金聲玉振而集大成矣汝楨不知庭訓亦不知堂上何官臣等何人矣臣兩人白

髮蕭蕭老矣無求於世一息不屬便作古人矣豈至臨老欲臣兩人爲佞人逐時趨負所學乎近日有年例之舉庭訓汝楨嘖有煩言臣謂我今出山惟欲保全元氣二臣功虧一簣何敢毀其成功且人言庭訓山東賑濟民止得君賜之半臣閱考滿冊內存留幾半因歎人言不足盡信故置而不問然庭訓行遲臺中亦久不滿臣如不言人謂臣等與聾聵也伏乞勑下今後考語須倣弘正年間規模

吏治士風。庶幾稍振。如臣三十年前所請者。再有如前譽過其實者。不妨嚴究。并坐罷臣等以肅憲綱。不然臣等老不識時宜。必至群小仄目。

陛下亦不能爲臣等計矣。二臣統候

聖裁。

天啓二年　月　日奉

聖旨御史憲職考滿差回堂上官考其稱否具

奏向來視爲具本槩擬復職回道且考語溢

美失眞無以風勸卿等據實陳奏具見表率

風裁依議以後着查明憲綱舊規申明遵行

其在外各撫院官復命薦語亦通浮汎不切

仍一體申飭

捐俸疏　左都御史

臣惟今日軍興之費無限。而帑發之資將窮。覩一人之焦勞。增百僚之愧汗。此社稷事。豈

陛下一家之私。而臣等財。皆尚方俸餘之賜。苟可裨國。卽髮膚可捐。況今何時。惟身家是利。願捐俸金百兩。偕臣同官僉都御史馮從吾。捐金五十兩。少助軍國之需。聊紓犬馬之誠泰岱飛埃。滄溟涓滴。自知局曲。難報高深。臣等無任瞻天仰聖。慚皇之至。

天啓二年　月　日奉

聖旨覽卿等捐俸備用具見急公知道了該部

知道

闢幽抜茅疏　左都御史

恭惟

皇上麗日當天。奉

皇祖遺詔。薄海遐陬。悉耀光明。可謂二百餘年

盛際矣。顧没者卹録矣。然卹而大半。未卹者。臣眷眷言之。以各省査核未到。乃今各省文書到久矣。每覩其子若孫重繭而來。空囊而歸。心竊悲之。諸臣大者身膏泉石。小者名隱塵埃。幽魂貞魄。猶肅風霜之氣。倘在今日。卓

犖之用。亦自瑚璉。一往不返。國家不得收其半臂之用。可痛也。諸臣之痛。豈後臣哉。即贈已爲後時。宜不俟終日矣。與臣同起家者幾百人。而有謝世者。臣每在班行中。覩諸臣鶴髮蕭蕭。以資與年在諸臣之先。南北廿餘人。沉滯猶然三十年前當得之官。俟河之清。人壽幾何。臣靦顏踞其上。眞堪愧死。愛才憐才。如輔臣與冢臣。若何爲起廢諸老臣計也。開府之缺有限。南北三品之缺。似可添註。亦體

遺佚之一道也。今或以其老與衰遲忽之。不知今人張宴。置一古器。坐客改容。何獨用人不然。其諸臣眼看榮枯。坐守歲寒者。不知幾春秋矣。顧當事深惟之也。此諸已廢之臣。人所共見共知者也。又邇年京察。滿朝不平。察其故。以門戸受錮。夫門戸者朋黨之別名。漢唐季世。所以空人國者。多坐此。經臣所聞。胡桂芳、金士衡、章嘉楨、葛寅亮、楊廷筠、沈應奎、吳亮、吳良輔、吳爾成、賀烺、丁元薦、李炳恭、史

記事、劉定國、沈正宗、華萬象、涂一榛、麻僖、王時熙、陳一元、荆養喬、張篤敬、皆門戸中人也。諸臣各任其氣之所至。相激而成。咸其自取。然人有得過君父者。尚曲而容之。一觸世網。便爾沉淪。則諸臣不恕之過也。或者捜諸臣之隱。以明己之是。不知人品瑕瑜。原不相掩。取其瑜。略其瑕。可終令之老死牖下。李朴死矣。不再提起。後惜諸臣。猶今日惜李朴也。或者謂此例一開。壞國令甲。不知在人眞賢。公

今日更覺世網難犯可懼可懼

勝於拊髀之恩

公之爲國爲人才嘔盡心血矣

私何如耳。臣在吏垣。疏魏時亮周世選諸人。破例而起督三事。魏得美謚。此亦從破例起家者。宇宙萬古不磨。人心萬古不死。眞是眞非。直道而行。臣不能保無一時淆訛之國是。必有萬古不泯之眞心。嗟嗟。千金買駿死馬且然。況其生乎。卹錄死者。所以勵生者於今日。重用生者。所以償死者於前日。總繹
皇上没者卹錄存者召用之旨。臣不過推而引之。鹿性善走伎伎行者爲同類也。臣豈鹿不如哉。臣衰晚愚陋。忝司風紀。夢寐思歸。不敢啓口。無能爲
陛下振久弛之頹綱。藉是洗累年之蒙氣。使人心世道。不盡澌滅。是臣所以報
陛下之萬分一也。

天啓二年五月　日奉
聖旨加官卹錄已有屢旨南北三品堂官准添註以疏淹滯着該部酌量敘用

乞蚤成信史疏　左都御史

臣聞乾坤所以不毀者。惟此綱常。而綱常所以植立者。恃此信史。憶臣去年舟過南中。諸士紳爭言
光宗皇帝卒然而崩。大事未明。難以傳信。臣謂
光宗皇帝。本金玉之資。膺萬幾之煩。試無妄之藥。迹或有之。而以誅心之法例之。臣未忍聞。既入都門。臣向人問
光宗皇帝一月仁政。媲美堯舜。漢文宋仁。遠出其下。鴻謨偉烈。香人齒頰者。宜速登信史。諸臣曰。說到
光宗皇帝大事。令人閣筆。說到壬辰以後諸相事。令人閣筆。誰敢領此。此書之成。知何年月。臣于是始不能無疑于南中之人言矣。近讀
禮部尚書孫愼行一疏。令人神骨爲悚。卽未必有是心。當時依違其間。旣不申討賊之義。反行賞奸之典。卽謂無其心。無以解人之疑也。臣謂此等大事。姑待千秋。方從哲秉政七

此一段未嘗不是三案之言但比孫宗伯言得宛轉矣從哲何以自處

年。未聞其輔相何道。但聞其一日馬上三書
催戰。斷送百萬將帥士卒。血染黃沙。但聞其
將
祖宗櫛風沐雨。一片東土地盡屬夷人。試問其
誰秉國成而使
先帝震驚。誰秉國成而使張差闖宮。誰秉國成
而使豺狼當道。誰秉國成而使宵人亂政。誰
秉國成而使潛鱗駭浪。從哲何辭以對。臣思
先皇帝叨天地之靈。陰爲庇護。

眞正爲國爲君之心露于毫末

祖宗法度從來森嚴。新輔大臣。力爲撑柱。不然
國家大事。安危在須臾間矣。有一于此。此心
無以白天下萬世。奢詞說者。不能爲解免也。
陛下陽明剛健。何幽不炤。但從哲近在肘腋。群
陰密布。臣投林一世。恥言人過。默自撿飭。以
鞭頻景。豈敢過求從哲。惟是臣身爲風憲之
官。名在會議之列。畏禍緘口。勢所不能。君臣
大事。今日未明。再無有明之日。臣官不言。再
無有言之人。臣亦知

陛下禮隆舊輔。未必能毅然剖斷。諸相同籍同
官。未必能捐情立剖。易曰。益之用凶事。凶事
正所以益之也。又曰。酌損之。言斟酌其損之
之道也。從哲負此大疑之名于天下。科臣惠
世揚言之詳盡。令其衔衔綠埜。獵喜春心。隱
隱欲躍。河魁在手。反覆立見。損之之道。蚤一
日。紓臣民之鬱結。其禍速而小。遲一日。蘊士
民之憤懣。其禍遲而大。臣等豈有谿刻深求。
不過以臣紀不可不肅。公論不可不明。令綱

有此一等人

快語叙得好

常毀而復明。日月晦而復淸。朝綱弛而復張。
斯臣等之心也。臣讀學士公鼐疏曰。六七年
間。以言及東宮者爲小人。不言東宮者爲君
子。此何等景象。是誰使之。又云盡除天下之
清流。陰剪元良之羽翼。此眞實錄。眞史筆也。
僉議惜其歸矣。夫人臣有一官。便有一官之
職。如六曹之屬。敢不修明其職業。惟是國家
設立史官。非特崇重其體貌。欲其珥筆以彰
往戒來。爲天下後世觀也。碩學名儒。玉堂濟

讀公此疏可見桂薑之性愈老愈辣也

濟。
光宗實錄。閣臣提衡于上。詞臣分理于下。一月
有成。豈異人任。不然國史不書。野史必載。
皇上所以備尚方筆札。大庖供養者何事。諸詞
臣互相推諉。臺省疏章。盡成故紙。臣謂此閣
臣之責也。從來亂臣賊子。有所懲戒者。全在
青史一脈。失今不成。悠悠歲月。隻手障天。臣
不知世道何所底止。臣不知忌諱。非爲
先帝一人計爲
陛下萬壽無疆計也。爲天下萬世君臣計也。爲
寒將來奸臣賊子之膽。殺將來奸臣賊子之
謀計也。惟
陛下熟思前年之景象。勿忘當日之艱危。臣不
勝惶悚待命之至。
天啓二年四月二十六日奉
聖旨實錄據實紀載。且
兩朝近事中外所知。各官奉勑纂修。豈容以意
筆削。已經開館。自當各遵程限。蚤完大典。本

內舊輔從哲秉政始末自明近又奉屢旨卿
風紀重臣事關國是正賴持平據奏不勝疑
憤意則甚忠知道了該部知道

懇矜愚容直疏 左都御史

臣等知識昏昧久玷朝籍嘗念無以報君父萬分一頃於諸言臣拜命而至也臣等矢口與諸臣言曰魏徵有願爲良臣無爲忠臣語忠良其必有辯矣一言迕主綴湘江之蘭何如鳴佩朝堂膏澤及民之爲暢愉乎陽城在晉學廣聞多薰其德而善良者幾千人顧爲諫官七年始沮裴延齡作相一事史書不以其寡言而少其直其用心必有在不言之外

矣宋儒羅從彥曰立朝以正直忠厚爲本正直不本之忠厚則流於訐忠厚不本之正直則流於詭此皆臣等折肱語悟後語不謂臣等言諄諄而諸臣以言逐矣江秉謙任方期年志希鳴鳳帥衆任未一月恥同寒蟬皆其自取然曲成寬貸

陛下之洪慈也先是江秉謙之去諸臣謂臣等叨位大臣宜力爭臣等欲積誠感動

陛下相機而言無敢輕發不意誠未積而帥衆

剴切至極

繼之臣等極不肖何顏謝諸臣也朝無闕事諫書宜稀兩月間黃沙莽莽大風四起是天示之儆可畏也鴻雁嗷嗷海宇懸磬是民益之災可畏也廣寧既失胡馬一嘶不虞何備是剝膚之患可畏也蜀難未平黔酋告儆楚岌岌危是震鄰之憂可畏也四海剜肉以充遼餉盜臣藏歸爲亂卒有是可恨也小民當念國體當存尚書王紀執法亭疑是可行也夫人主在平時猶當側身求言今天下危乎

無諱不是老成幹國之眞心

平乎世之不平先自處于危竟之卒難平也人主當安時猶思勵行聞過今天下安乎傾乎世之不安先自處于傾竟之卒無有能安也此雖懸鐸設旆振敢言之氣下求言之詔使言官丰采所加朝廷倚而益尊奸邪譴而知畏猶恐不足以灑掃疆土撐持大厦而可日逐言官爲也臣記

神宗登極五六年不過謫給事趙參魯一人未一年即謫典史遷提學積官至尚書登極十

兩語直中膏肓

一年。謫御史魏允貞。郎中李三才。郭惟賢。明
年卽召還。積官至卿貳。此皆垂仁風紀之司。
爲燕翼聖子神孫計。祖功宗德法度猶新也。
陛下卽位未二年。逐言官者數員。如魏應嘉馮
三元張修德劉廷宣。以言遼事故今遼事何
如。當速召還賈繼春郭鞏。亦當恕其愚戇。以
展厥猷。如
神宗朝故事。且輔臣葉向高輔政八年。曾處何
人。今半年間。逐客纍纍。亮非向高樂聞。亦非

此時光景卽閣臣亦不自安矣

諸輔臣所得聞也。諸臣初領言責。無言不可。
有言不可。法言難。巽言亦難。今之望九關而
趑趄。懷尺素以躊躇。將何道之從也。主德與
相道。相爲表裏。主德茂則相道愈光。衮職有
闕。山甫補之。似亦無容他諉矣。自今傳旨內
閣。宜擇醇實無厲言者。勿使雜進。則閣臣耳
目清。票擬肅。不然。令閣臣不知適從。竟不知
政柄落何手矣。臣等望
陛下速回雷霆之怒。沛雨露之恩。將諸臣中。令

輔臣摘其久謫者而賜之環。其拜官方新者
而復其官。或量爲薄懲。則士氣愈奮。士氣奮
則國威日振。國脉庶幾靈長。
陛下安享太平之福。萬年無疆矣。臣等老皆逾
七耋。八人風燭之年。更何所冀。但臣等歸而
享太平之賜。亦死無憾矣。
天啓二年五月二十二日奉
聖旨朕以時艱求言豈不能容直諫但因掇拾
煩瑣無裨緩急姑示薄懲覽卿奏開陳剴切

諸輔臣同詞申請具見忠悃帥衆姑免調外
任又左都御史鄒元標等奏內給事中魏應
嘉御史馮三元張修德劉廷宣原以言遼事
降調今其言旣驗并給事中郭鞏亦因遼事
降處都准復原職卿爲輔弼元臣朕嘉補牘
不難轉圜卿宜卽出佐理表率百僚以後科
道各官都着洗心盡職因事納忠獻替可否
務求實濟不得空言沽直自取罪愆該部知
道

卷之四終

鄒忠介公奏疏卷之五

吉水　鄒元標　著
婁東　吳偉業
長洲　楊廷樞
武塘　吳祖錫　仝較
平湖　沈中柱
候官　林　銓　評閱

懇垂念貞勞臣工疏　左都御史

臣讀書至九經章，敬大臣，即繼之曰體羣臣，

曰體者，血脉心志，罔不相通之謂，故王臣蹇蹇，匪躬之故者，人臣之義也，在師中吉，王三錫命者，明君之仁也，蓋臣不以時危改節，明主不以遐邇忘念，載在史籍，班班可考，頃者陛下念薛敷政全蜀危城，陞太僕寺少卿，諸臣無不頌陛下體臣之情，知其清貞，故首擢爲百僚勸，然敷政外，臣所痛心盼望者，則御史史永安。永安力撐貴陽數月矣，此兩三月不聞消息。

一語摹寫苦境極神

臣憂心如擣，平越兵敗，不知誰爲接濟，張我續移鎮偏沅，不知何時有濟，遐想永安與巡撫李櫄，督學劉玄錫之三人者，如槁葉之禦衝風，一出入息，苦如年矣，憶世宗朝胡宗憲夜出禦倭，一戰得捷，即陞都御史，浙竟賴之以寧，倘永安保黔城無他慮，即便優陞非過，此祖宗朝舊例也，劉玄錫在兩司中，孤掌獨指，如蜀中之戴燝、周著、萬編等，同孤城，似當從優

議擢，無拘常額，俾諸臣履危之形，有生之氣，語曰，明君之行賞也，暖如時雨，故人歡極力而樂盡情，雖所以厚諸臣，亦所以衛社稷也，雲貴兩差，御史其當差也，臣等不得不責之以大義，其旣差也，臣等又不得不體其私情，諸臣中間有遲回者，亦人之情，不然，陟屺陟岵之章，鞅掌偃仰安處之詠，詩備載不遺，見古今人情，不甚相遠，臣愚謂雲貴兩省，及山海關，當軍興時，三處按臣，宜以一差算二差。

事平仍舊。無論事體不比中原十之一。即道路嵐氛。見者心驚。亦鼓舞人情之一道也。臺臣賢有志操。近日梁之棟。先年拏獲劉保。此眞奇功。彼不自以爲功。今馳驅於居庸山海多事之時。亦當算二差。彼不自以爲勞。臣閱其報命冊籍。纖悉詳備。有臣如此。國之寶也。彼雖不言。臣不一言。使賢者無所用勸。臣心豈安。臣敢昧死惓惓。臣等無任籲天叩誠之至。

天啓二年　月　日奉

聖旨這奏內川貴各官戰守勤勞應錄叙的即與錄叙其李橒史永安劉錫玄萬編等見在圍困着即加銜以示激勸雲貴及山海關按差准算兩差候事平照舊梁之棟依議優叙本内劉錫玄誤寫玄錫着改正行該部知道

正臺規以一法守疏　左都御史

臣等于本月廿二日、接御史安伸揭爲世局多變、公道不明、謹投劾乞罷、以避奸人之雄事、臣等讀之、不勝駭異、伸蓋爲議差一事、叅本院經歷何顯宗、似得而有心于其間也、臺規、雖每差一新一舊、所從來久遠、至督學一差、新者不推、而舊者又多採望、不盡依次序、誠重之也、今南直學差已出、又突出貴州一差、舊資御史見在止張愼言安伸二員、正在

擬議間、安伸忽有此疏、若恐貴差及巳、兵戈倥傯、故不暇點簡、重叅顯宗耳、而不知擬議者、尚有河南道、主張者、尚有臣等、豈顯宗可得而私註、安伸此舉、闔衙門皆不韙之、臣因查二臣于二差未出時、各有請告病呈、懇乞

聖恩亮安伸倉皇上疏、語不擇音、寬其罪戾、准令告病、併許臣等于張愼言一體具疏請告、至督學貴州二差、容臣等酌議上請、蓋學差取望、例與吏禮二部會同具題、而貴州用兵

之時、且夕不可無憲臣彈壓之安伸方寸已
亂、病非假託、似難強之使任、若經歷何顯宗、
清恬無私、雅有執持、仍令炤舊供職、不得避
嫌誤事、庶臺規明而法守一、臣無任皇悚待
命之至。
天啓二年　月　日奉
聖旨朝廷設立御史委以巡方責任隆重乃一
遇難地相率推避又動以思親爲辭既不能
忠何以言孝還從重叅看來說何顯宗着炤

舊供職

叅處道臣以肅法紀疏　左都御史

臣等于本月二十三日、有正臺規以一法守
一疏、二十七日奉
聖旨、朝廷設立御史官、委以巡方、責任隆重、乃
一遇難地、相率推避、又動以思親爲辭、既不
能忠、何以言孝、還從重叅看來說、何顯宗着
炤舊供職、欽此、臣等不勝愧汗、始臣等豈不
能嚴爲叅究。念臣等老馬識途、視彼少年、任
性咆哮、目中無人者、蓋矜其少不更事。不屑

與之計、俟其悔而知改也。臣等嘗誦易以坤
爲臣道。而象之牝馬。牝馬柔順利貞。君子攸
行。志順也。人臣東西南北。惟上之使。艱難險
阻。惟上之命。一新一舊。臺規昭然。無容移易。
今以未定註之差。而先爲叫閽之辭。是與上
銜命也。法之所不載也。安伸曾爲令矣。亦奉
命巡一方矣。其得于磨礱砥礪歲月者。當閱
歷有素。德性自定。凡事之至也。內度諸心。外
度諸人。而後遂以出之。故能上下和順。發而

中節。今舊臺臣止張慎言安伸二人。新資諸
臣。不擬學差。舊資學臣不論次序。在當事者
擇而用之。慎言兩月前定議學差。衆皆聞之。
再有學差。亦次及伸。忽然而有貴州之報。伸
既苦病。驚心家報。即臣等已題。積誠告之
陛
下。陛下未必不哀其情而聽允矣。忽然一疏、
以經歷何顯宗爲辭、疏內語多自叙。非言臣
體。是未渡而先憂滅頂。未車而先憂敗駕。視
河南掌道與臣三堂官爲何如人。理之所不

載也。維系與梓。必恭敬止。志惇也。何顯宗以
才與品。亦自不薄。始因其病。奉堂官命留之。
意有所用之。非口竄也。既忽然而有貴州之
報。除伸別無舊者。既不能遲遲數月。待學差
之至。不得不需次而用。以濟黔邦之急。腹無
劍也。而以斎序聳外人之聽。榆巷婚姻。妄自
菲薄。亦情之所不載也。且引遼差斎序爲言。
外人不知。安伸在臺當知之。方震孺有無滿
可報。關差當裁一疏。冢臣張問達在朝房。及

諸臺臣在後堂。共議是差當裁。臣又有疏言
山海一差可裁。故山西蘇松二差。掌道李養
志爲政。遂註二臣。今特可言註之太早。未可
言其斎序也。安伸偉男子。臣等望之可以勵
勤世途。今此一舉也。益自待甚薄。非臣等所
以期勉之意矣。參照得河南道御史安伸。虛
抱濟川之才。漫無擊楫之志。欲見機而思引
乃先發以制人。既拂輿情。又傷雅道。
陛下或以其避難妄動而重懲之也。惟命。或念

其未聞貴州差出。旬日前有告病之呈。而稍
寬之也。亦惟命。臣等未敢擅便。敬直陳以請。
臣等又有請焉。
神宗朝差浮于人。故時多遷就。今二年間奉旨
行取者屢矣。人浮于差。
神宗朝東南無警。聞命者恬然而往。今一聞山
海貴州差。如驅之死地。無病而飾詞稱病。親
健也而駕言親病。此可以觀世。亦可以觀變。
陛下所謂未盡忠。安足盡孝。其所以激儒臣顔

臣者。如天日之炤臨。諸臣亦當痛思天語。力返前轍。倘有難差。即告病告歸。臣等以死守法。義不與易。惟
陛下堅持。如金如石。臣等遵而行之。庶幾法紀整肅。人心震懾。不然。豈惟兩關貴州。今日如雲南楊春茂留滇不得來。羅汝元驅車不得入。後如四川。如廣西。人人思避。借經歷司爲射的。以辱掌道。以侵堂官。以壞憲體。再無定期。國有危難。誰與匡扶。臣等無能爲

陛下守三尺。亦爲虛位。此當爲社稷。非爲一人私也。

天啓二年一月　日奉

聖旨。這參劾安伸允協紀法。如不重處。後來何以用人。但念先有病呈。姑降一級調外任。該部知道。

西虜挾賞起於輕許是大病根惜哉當事者之不能斬絕也

陳腐見以備廷議疏　左都御史

項兵部奉旨。着廷臣集議。大虜撫賞金錢難辦。時迫費劇。謀貴僉同。欲臣等集議。然有事中之議。有局外之議。臣局外也。即言。恐未悉當事苦心。然不敢不盡其愚慮。當事見奴酋强盛。不得不借西虜。護我藩籬。此亦萬不得已。救燃眉之計。知不以是爲長策也。語云。量其所入。度其所出。自遼發難來。添設加派。今天下處處蹙額。家家罄洗。至不遑之徒。思與

爲亂。檄而激四方者矣。日疏減加派者十而九。謂當事不肯即允。不知當事憂民。與衆同情。蓋亦不得已無奈之何。今四川湖廣雲南貴州山東。即不減。勢所不能。此外所入。又不知幾何。前五省且軍興不貲矣。今以西虜加餉百萬。一年勉應。年復一年。借各名色。彼一任事也。恐生事端。累已許加若干。此一任事也。又恐生事端。累已許加若干。即鄧林不能供野火。不必東虜至。先自困矣。今宜以

陛下不允多賞。且講且議。若與若客。或得居間
者調劑其間。減得十萬是十萬。二十萬是二
十萬。此所謂度其所出。而當急圖者也。至于
嚴與之約。亦在今年。曰明年以廣寧還我。賞
如之。不然。不能如數。或能驅奴酋隻馬不來。
不住廣寧。賞如之。不然。不能如數。庶可杜將
來。此一稍遷就。彼如食蔗。我如刮髓。髓盡人
亡。何必虜至。昔有一富翁慮盗之至也。日夜
賃壯士數百守之。其家日漸空虛。有教者曰。

爾以賃壯士之費。高其垣墉。嚴其關鍵。彼盗
不得來。富戶不聽。久之。賊即至。富戶若洗。今
之勢何以異此。願吾黨深心為千萬年計之。
如薊遼山海。即二虜卒來。我可無恐。始足以
壯國長城。不然。苟且目前。貽禍來茲。後人責
備。其何已時。即榮名蓋棺。憂方大耳。若山海
外城倘著實堅固。無浪費。無屑越。一勞永逸。
此不必惜。至于一次行邊。動輒加賞數十萬。
今之兵非不多。以不練。坐而食餉。似以餉給

大言弔詭者偏得高爵。卒于無奇可見。安得起公一正其罪

兒。兒欲飴無已時。其何能給。至于無行之徒。
方困窮閭里。大言弔詭不知者。以為淮陰復
出。即驟得高爵。既得高爵。復請餉數十萬。年
復一年。其奇只堪笑詫。此今日一大病痛。今
願帷幄長子。無聽遊談為市井所洄寧功。而
後用無試而罔功也。又登萊天津通州三巡
撫。亦當詳議。登萊天津。奴必不捨所長。就所
短。登萊付之東撫。每年風順時駐三月。如防
海例。天津一道臣足矣。天津宜付之保定巡

當時此議似亦可依今則無及矣

撫。以三處費。併在薊遼、山海、永平。作一大省
會。京城若泰山而四維之也。請
陛下付廷臣虛心酌之。至于喪心無良之徒。借
國家急難。以小民膏血而落錢肥家。人人知
之。國無嚴法。不有人禍。則有天刑。子孫寧能
消受。犬豕寧食其餘乎。臣身在事外。憂深計
遠。不妨過嚴。督臣身在事中。隨機應變。不妨
仔肩。在當事者備千慮之一得云爾。

天啓二年　月　日奉

聖旨該部看議來說

會議覆奏疏　左都御史

臣等於本月十五日、河南道御史楊新期、奏
爲入秋陰雨連綿等事、奉
聖旨覽奏、經撫既已正罪、着法司會議覆奏、欽
此、臣等欽奉嚴旨、愚蒙皇懼、不知所以爲報
也、中夜籌思、得無以奸細之說、廑聖懷乎、夫
奸細自舊年失遼後、何日不報、何地蔑有、除
劉保真正外、若滅若沒、臣等不能無疑、此所
以日夜腸九廻矣、經撫之罪既正、臣等聞其

在縲絏中、與死爲鄰、此何足以廑聖怒、臣等
又思我
神宗朝、非無雷霆之怒、然納臣下一言、置之若
忘、海涵淵度、匪夷所思、我
陛下天縱聖神、寶極方登、草木翹首之物、無不
沐其化育、矧震器發祥、螽斯衍慶、方自今始、
通國之人、莫不懽欣鼓舞、而冊立諸祥駢集、
臣等當仰體
陛下仁覆海宇之意、綿國家億萬年無疆之祚、

如是而已、至於經撫、西虜東夷、聲息正勁、古
來敗將、各有偏長、亦諸臣及臣等一得之愚
也、臣等冒死以請、
天啓二年月　日奉
聖旨這所奏知道了該部知道

覃恩乞實授疏　左都御史

掌河南道事監察御史潘濬呈奉本院判送
據浙江等道試御史張文熙、帥衆、曹守勳、李
楚芳、朱泰禎、吳之仁、馬鳴世、吳甡、喻思恂、樊
尚憬、沈猶龍、蔣允儀、練國事、張應辰、劉徽、李
玄、周宗文、方大任、張鑛、劉廷佐等、呈前事、職
等俱以天啓元年行取、得厠臺班、例得覃恩、
前已具呈、蒙批河南道查議、今職同咨吏科
給事中章允儒等、戸部主事沈立義等、俱已
題准、改給恩命矣、職等既係同咨、事屬一體、
雖部見在實授、而所授者元年覃恩之例也、
非臺省之規也、查得恩詔一款、兩京文武、一
品至九品署職試職者、准實授、欽此、科部既
以覃恩之例具題、職等乞以覃恩之例實授、
况職等各有垂白之親、誰無報本之念、且自
有恩詔以來、絲毫未被、今科部既經均沾、而
臺班應不得靳等因、又據候補御史霍鍈、胡
良機、胡士奇、梁夢環、何廷樞、王政新、周汝弼、

龎尚廉、胡其俊、宋師襄、崔奇觀、劉四端、吳尚默、楊方盛、徐吉、李蕃、王會圖、劉璞等呈、又據後考候補御史田唯嘉、劉其忠、黃尊素、宋禎漢、許其孝、劉之待、周汝璣等呈、又據南京浙江等御史呂鵬雲、陳必謙、涂世業、黃公輔、劉之鳳、萬言揚等呈、又據後考南京山西道試御史張錫命、陝西道試御史黃憲卿呈、俱同前事等因、到院俱蒙批河南道查議、奉此查看得御史試職一年、考實授例也、聖闕登極

詔書、試職准實授、異數也、本年新考選御史、見試職張文㷀、帥衆、曹守勲、李懋芳、朱泰禎、吳之仁、馬鳴世、吳甡、喻思恂、樊尚燝、沈猶龍、蔣允儀、練國事、張應辰、劉徽、李玄、周宗文、方大任、張鏕、劉廷佐等、候補霍鍈、胡良機、胡士奇、梁夢環、何廷樞、王政新、周汝弼、龎尚廉、胡奇俊、宋師襄、崔奇觀、劉四端、吳尚默、楊方盛、徐吉、李蕃、王會圖、劉璞等、後考候補田唯嘉、劉其忠、黃尊素、宋禎漢、許其孝、劉之待、周汝

璣、又南道試御史呂鵬雲、陳必謙、涂世業、黃公輔、劉之鳳、萬言揚、後考張錫命、黃憲卿、先後具呈、欲徼恩實授、并奉新綸、榮䞇所生、此自烏烏至情、不能已者、况近年御史徐揚先、馬逢皋、陸獻明等、具有成例可循、至南道試御史呂鵬雲等、相應比炤張文㷀等事例、一體准其實授、但職掌攸關、難以越俎、俟其到任後、聽南京都察院陳請、諸見試職者、合候命下之日、即准實授、候補者、俟補道、免其試

職、併准實授、以便各敀給恩典、庶聖朝雨露一體宏濡、亦所以恤臣私而廣孝治也、等因呈覆到院、據此該臣等議、炤攄忠營職、臣子靖共之常分也、隆恩昭勸、朝廷鼓厲之微權也、御史先試職而後實授、載在令甲、罔或越踰、恭遇覃恩、則不以成例拘者、如新考選試御史張文㷀、田唯嘉等、盤錯久試、濟濟彥楨、供職臺班、習其才品、考選雖在天啓二年、行取實在天啓元年、與恩詔試職准實授欸、正

相符合、且諸臣先任中行推知等官、俱以考
滿應得舊典、非緣覃慶、沾被新綸、而同選科
臣章允儒等、部臣沈立義等、俱具疏陳情、奉
旨下部、諸臣自難獨後、宜其有同情也、伏乞
皇上仁均一視、將見在試職御史張文熙、帥衆
曹守勲、李懋芳、朱泰禎、吳之仁、馬鳴世、吳甡
喻思恂、樊尚憬、沈猶龍、蔣允儀、練國事、張應
辰、劉黴、李玄、周宗文、方大任、張鑛、劉廷佐、共
二十員、即准實授、其候補御史霍鍈、胡良機

胡士奇、梁夢環、何廷樞、王政新、周汝弼、龐尚
廉、胡其俊、宋師襄、崔奇觀、劉四端、吳尚默、楊
方盛、徐吉、李蕃、王會圖、劉璞、田唯嘉、劉其忠、
黃尊素、宋禎漢、許其孝、劉之待、周汝璣、共二
十五員、候塡補之日、亦併准實授、各炤新銜
陞績改給恩典、至南道試御史呂鵬雲、陳必
謙、凃世業、黃公輔、劉之鳳、萬言揚、張錫命、黃
憲卿等、例應一體實授、但職掌似難越俎、相
應俟其到任後、聽南京都察院代爲陳請、諸

臣頂踵捐糜、仰鴻造沒齒、敢諼以後、非遇覃
恩。安敢妄覬。臣等亦安敢輕凟宸聽。既經河
南道查議前來。相應具疏題請。恭候命下。容
臣等行令各官欽遵施行。

續北科六員

蒲秉權　陳艮訓　吳弘業　黃承乾

周洪謨　劉懋

候北道四員

李應昇　温國奇　翟學程　謝奇舉

工部主事張醇儒

車駕員外閔之文　俱奉

聖旨是

一語妙

救郭中翰疏 左都御史

臣頃覲中書郭萬程一疏上干聖怒勒歸田里臣益頌
皇上之英斷也語云知父莫若子知君莫若臣臣子不知君父是處光天化日之下而不知天之高日之明惡所稱子臣也者
陛下自即位以來日講經筵孳孳勸學章奏批答如流內帑發數千萬留心邊務屢勑臣工罔不周悉出入起居發號施令無一不法祖

敬天勤民是念萬程誤

語尤妙

陛下以少斷臣不知其所謂不斷者何事夫天下事與其過而剛斷無寧過而詳慎以詳慎爲少斷則萬程之愚也大小臣工濟濟師師意見稍或不同酸鹹總歸調劑從前所謂和者惟求其至當頃莞迭奏非一無所違戾之謂誣朝臣以不和則萬程之過計也惟是以禮部尚書孫慎行刑部尚書王紀則二事不可以人廢言矣尚書孫慎行宿學耆儒生平

江河世界猶知有執法尚書三代人心自見

若行項以堅執泰藩事即令之蕭蕭而去倏而召倏而歸似於國體有損尚書王紀一生服官卓犖有聲屢以言詞過戇即令之策蹇而出都門路人指曰此執法王尚書也至有泣下者似於國體大損夫兩尚書去久矣臣等豈不能昌言以存國體顧臣等知
陛下至仁反覆輔臣職在匡君轉圜計日不敢激聒今昌言落小臣之口臣等能無愧心焉客氏一事臣曩疏謂

陛下必不久留客氏蓋灼見
陛下太阿在手必不旁落客氏欲保全富貴必當敬畏但因一客而逐客遍野非所以久處客氏也爲客氏計亦當熟思矣至於泰藩一事

寥寥數語發罪之旗鼓自靈

陛下屢詔後先禮臣不肯承當非敢以逆犯隆旨正所以克守家法上守宗約
陛下如篤親親之仁乎宜先遣諸冊使臣以慰各藩之仰至泰藩一事姑徐徐與輔臣詳議

跌得好

或答以手詔曰。諸臣固執。朕亦難允。或優以
金帛。以惇同氣。使彼隱然知朝廷有人銷越
畔之思。而禮臣歡然知上有仁君堅守官之
節。不然。禮臣再不安其位。于國體亦大有傷
矣。諸輔臣在廷。何以爲調燮計也。臣知萬程
之愚。兹言亦墮其愚中。臣聞萬程宿願以身。
欲和西虜。與其勒之婦。遂田園之樂。何如置
之山海。爲用虜者一助。臣愚而又且錮矣。臣
觀從古工商技藝。各得輸肝以陳。載在史冊。
豈以
仁聖新主。而無一正言拂士。臣昧死惓惓。

儒者分內甚大本分二字體認得眞其用無窮

陳共學之原以定衆志疏　左都御史

臣以待盡之年。日有家園之思。行裝已束。待
期而請。偶聞
聖嗣將誕。大小臣工。咸慶
聖皇有子。臣受不次之恩。不隨班行歡欣祝頌。
豈臣子之情。臣所以睠戀遲回者以此。本月
初四日夜。接兵科都給事中朱童蒙一疏。爲
憲臣議開講學之壇。國家恐啓門戶之漸。欲
臣等安心本分。愛惜精神。以東林爲戒。以法
度風俗。進賢退不肖等語。屬望臣等。思深哉
科臣心乎。臣有味乎其言之矣。先正云本分
之外。不加毫末。人生聞道。始知本分內事。不
聞道。則所謂本分者。未知果是本分與否也。
天下治亂。係於人心。人心邪正。係於學術。法
度風俗。刑清罰省。進賢退不肖。舍明學則其
道無繇。無偏無黨。王道蕩蕩。無黨無偏。王道
平平。臣等所講習討論者。惟是銷反側以歸
正直。會有極以歸皇極。若分門別戶。則名教

惟則古昔譚先王之壇坫自爲衆人所礙

所不載也湛湛晴空鳶自飛魚自躍天自高
地自下總皆造化生機浩浩長安大成大小
成小德可成材可達盡是皇王大澤無一物
不備亦無一事可少琳宮會館開目如林唄
語新聲沸耳如雷豈獨碍此嘐嘐則古昔譚
先王之儒紳耶豈獨多此海內衣冠萃止之
壇坫耶臣常遡思千古自吾夫子振鐸東魯
孟軻氏繼之唐韓愈謂軻之死不得其傳所
謂不傳者必有指歸至宋而諸儒竝起我明

述得有趣

益光大有耀臣等方欲爲孔孟求衣鉢之傳
童蒙獨不思爲東魯延箕裘之緒乎臣志學
非自今日始也臣弱冠幸舉孝廉從諸長者
遊一登講堂此心戚戚既謝計偕獨處深山
者三年嗣入夜郎兀坐深箐者六年浮沉南
北棲遲田畝又三十餘年賴有此學死生夷
狄未嘗隕志所藉朝夕切劘者無論他省即
東魯則孟秋朱鴻謨王汝訓其師友也記得
隆慶丁卯戊辰間徐階當國集諸計臣千餘

妙理妙諦

人手書識仁定性二書與諸士人商度今未
嘗以是少徐階相業
神宗朝癸未乙酉丙戌間臣等亦每集於演象
所月有講會時執政諸臣亦嘗過而問焉後
生不知今元輔所知也若只以臣等講學惟
宜放棄斥逐之日以此澆其磊塊消其抑鬱
無聊之氣則如切如磋者道學一語端爲濟
窮救苦良方非盡性至命妙劑亦視斯道太
輕視諸林下臣太淺矣人生墮地高者自訓

一片進道之言

大有氣色

詁帖括外別無功課自青紫榮名外別無意
趣惡聞講學也實繁有徒蓋不知不聞道即
位極人臣勲勒旂常了不得本分事生是虛
生死是虛死朽骨青山黃鳥數聲不知天與
昭昭者飄泊何所此臣所以束髮至老不敢
退墮自甘者也臣又有言焉前二十年東林
諸臣有文有行九原已往惟是在昔朝貴自
岐意見一倡衆和幾付清流懲前覆轍不在
臣等臣心在光天化日之下剖藩籬垣墻之

界。聞童蒙之言。惟自鞭自策。更復何疑。臣又思詩云、相彼鳥矣、猶求友聲、矧伊人矣、不求友生、神之聽之。中和且平、古人求友、必有鶯鳴相合、臣等求友、未得和平之韻、先來同類之疑、願罷臣以爲倡學者之戒、臣帰爲順則之民足矣、願

畢竟要講學

陛下經筵日講爲諸臣先、無以臣等阻千百世共學之心、斯文幸甚。世道幸甚。

天啓二年九月初六日奏初九日奉

聖旨朱童蒙疏已有旨了卿績學真修方資表率不必介意該部知道

附左副都御史馮從吾疏

項臣接邸報、見兵科都給事中朱童蒙一本、憲臣議開講學之壇等事、臣讀之不勝惶愧、竊惟世道之所以常治而不亂者、惟恃有此理學之一脈、亦惟恃有此講學之一事、講學創自孔子。而盛于孟子。故孟子以作春秋闢楊墨爲一治。至孟子没而異端蜂起。列國紛爭。禍亂相尋。千有餘年。良可浩歎。至宋儒出而始有以接孟氏之傳。然中興于宋而禁于宋、是宋之不競以禁講之故、非以講之故也

卽以孔孟提唱得大關鍵

眞駁得倒

伏惟我

二祖開基、表章六經、頒行天下、天子經筵講學、

皇太子出閣講學、講學二字、昔爲厲禁、今爲令甲、是周家以農事開國、國朝以理學開國也、昨二月間因東事暫停經筵、而言者以爲不可、旋復舉行、人人稱快、然臣子望其君以講學而自己不講、是欺也、倘

明目張膽要講

皇上一日問講官曰、諸臣望朕以講學、不知諸

又見是應
時急務

臣亦講學否不知講官何以置對倘
皇上一日御朝問諸臣講學亦有定所否不知
諸臣又何以置對今臣等剏建書院于此豈
爲名豈爲利豈爲官豈爲一身宴遊之地豈
爲子孫世守之業原爲南京十三省俱有而
京師爲天子之都爲首善之地反無非所以
壯帝都而昭一代文明之盛況今夷虜交侵
邪教猖獗正當講學以提醒人心激發忠義
先臣王守仁當兵戈倥偬之際不廢講學卒

能成功此臣等所以不恤毀譽不恤得失而
甘心冒昧爲此也臣罪良深臣心良苦矣夫
以二百五十年所未有之事而一旦爲之眞
可爲駭無怪乎童蒙之有此疏也童蒙欲臣
等修職業惜精神然講學正講其職業如何
修精神如何惜耳童蒙可謂愛臣厚教臣多
矣臣方感之服之而又何暇與之辨惟望
皇上察臣無他罷臣歸田使廟堂之上省此一
番議論臣即耕鑿深山亦有餘適臣不勝惶

悚待命之至
天啓二年九月　日

福清此疏甚有氣槩

附大學士葉向高疏

頃科臣朱童蒙以講學論鄒元標馮從吾二臣已奉旨諭留此猶論其事耳未病其人也今科臣郭允厚遂併其人而詆訾之臣竊以爲過矣二科臣之意猶不在講學而在于明歲之考察恐元標有所左右其閒即允厚疏中亦已自言之年來門戶纍興互爲勝負近當事者劑量其閒人心稍平臣與吏部尚書張問達每論及此未嘗不嘆息于前事之過

此段堪爲南皋先生寫生

當而以今此計典必立矯其失一切歸于公平即元標議論亦是如此毋奈人情多端過生猜忖必逐去元標而後快也元標在

皇祖朝直聲震于朝野三尺童子無不知其爲忠臣淹伏數十載海內共惜

皇上拔之田閒任以九列足稱清朝盛舉臣素不習元標近與周旋見其懇懇愛人之念渾渾赤子之心絕無分毫矜名負氣籠罩矯飾之態心甚慕之即或者謂其居山已久于世

亦是譽中之規

眞是可服

局有所未諳宅衷太虛於人言有所易入然於元標之本色自無所損允厚所列悉皆吹毛洗垢無甚關係至于張居正之䘏典則楚人請之臣等擬之功罪原不相掩褒貶何妨並存元標之不言臣方服其無成心奈何更以爲罪欲併其一生之大節而抹殺之何其甚也元標在朝如麒麟鳳凰自足爲瑞如渾金璞玉自足爲型何必規規然責以服乘之能雕鏤之技哉若逐去元標則其他之講學

慷慨而言非他人可及者

如此光景福清已不可爲矣

氣節如元標者皆不得安其位人心必爲不平紛爭又將不了門戶之禍必與國家相終始朝廷之上已先自亂又何暇問封疆之事哉而臣亦豈可一日居此地也夫講學之禁從來未有乃二科臣之疏屢奏內傳頻更票擬至謂宋室禍敗繇于講學誰爲此言以告

皇上獨不思宋方盛時正以濂洛關閩講明學術比及南宋王淮韓侂胄陳賈輩始立僞學題目搆陷朱熹諸賢而宋祚遂終我

太祖高皇帝立綱陳紀設科取士一本于宋儒
成祖文皇帝復令儒臣采輯宋儒論學之書爲
性理大全頒行學宮二百五六十年道德一
風俗同一切裂防决綱之事有所忌憚而不
敢爲皆繇于此
皇上奈何輕聽二科臣之言而不深考
祖宗一代之治法乎日來言路諸臣條陳甚多
率多咈而少俞乃二科臣獨有當于
聖心若是臣誠不知其故也如以講學爲結黨

則世之結黨者豈盡講學之人苟欲結黨何
待講學如以元標之講學爲可議則臣又有
忠告之談當嘉靖時海瑞以忠直著名謫歸
起官爲應天巡撫剗嚴操切人皆不堪卒被
擠以去其後再起再被人言當時亦有以言
者爲是至于今日瑞之高名如故而言者卒
爲世所詬病今元標之失未至如瑞而求多
者乃反甚焉臣又安知他日之議論竟何如
耶臣職在平章可以無言但恐人心不同煩

囂易起若不稍爲剖明必將有非二臣者又
將有非非二臣者紛紜排擊無有紀極昨且
有僞作銓臣之疏欲毀書院者世情險怪一
至于此今臺臣馮從吾又求去矣銓臣張問
達亦苦苦言元標行當即繼之矣去察典幾
何時而在事諸臣勢將一空誰爲
皇上了此事者臣安得默無一言且當聖明之
朝有道學之禁臣爲執政而諸賢連翩去國
天下萬世清議謂何且將與王淮陳賈輩同

被惡名是亦臣之所踧踖而不安者故敢冒
昧一伸其愚如以臣言爲偏護則臣願與元
標俱去以謝科臣不敢自以爲是也臣生平
不知講學惟是臣鄉素稱海濱鄒魯生鄒魯
之鄉而禁孔孟之學臣尤不敢統望
聖明俯垂鑒察
天啓二年九月初八日奉
聖旨大臣眞品實學自能維扶世風言官意見
參差不妨互相質證但不得忝以岐念迹涉

猜防卿虛衷持衡剖忠劃切足定國是以正
人心鄒元標馮從吾已有旨諭留這所奏朕
知道了該部知道

懇賜歸田疏 左都御史

臣先是有陳共學之原以定衆志一疏、中欲
乞歸、蒙
陛下不允、臣志已決、而友人謂臣姑爲遲回以
定衆猜、臣勉出旬餘、即圖陳情、適給事中郭
允厚、相成之雅至矣、中教臣以體認二字、是
望臣者甚厚、以四方多難、爲學問中未到事、
是望斯道者不輕、中間恐開濫觴之弊、開依
附之跡、語語憂深、允厚即不樂聞講學、即此

謂之學矣、除語無影響、不必言外、但所云致
兩臣各去其官、得無以過庭訓潘汝禎二人
乎、臣正求之言語文字外、臣自爲臺綱、似不
必過爲左袒也、以後先遲速之間諸賢不安
其位、得無以張愼言安伸二人乎、愼言介特
自持、不肯輕𦥷、安伸臣奇其品、彼自過激、臣
臺中資序、外人不得知、成規具在也、奴酋悔
禍則已。如不悔禍。永平薊遼間。不大作磐石
之基。臣不知所底。異日或有思臣言者。若謂

正人君子心事豈是小人所知

近畿開府可裁不獨臣一人言也至灰慷慨言事者之心欲借公道下石等語臣茲然不知所對不知誰氏至謂勝敗不必分功罪不必辨今日正當滿眼敗局罪當重而入者爰書具在臣何輕重之與有張居正相幼主十年昧人臣小心之義取喪子亡家之禍昔議其非臣非私意今錄其功臣付公論此心如衡不能爲人輕重必欲臣出一言爭以成已之是亦小之乎睎臣而允厚未習臣深臣實

一語冷然

無此塵情也且臣昔疏亦嘗偉其才嘉其志後在掖垣疏中亦言人情反覆大學士于愼行大爲擊節六垣送臣文可查臣心最虛而平亦最恕四十六年前本自天然豈獨今日然哉臣籍麗澤之益非特燕都爲然今自下流風猶然四十年前餘韻允厚父曾任比部與臣同曹事豈是時幼未之聞乎允厚謂都門不宜講學臣聞斯言而體認于家矣伏乞

陛下賜臣歸里以遂臣之志也

天啓二年　月　日奉

聖旨卿先朝遺直召用未幾紀綱重地方藉名賢且計典在邇豈得以浮言求去還卽出供職不准辭吏部知道

果然

又附左副都御史馮從吾三疏

項臣因病再疏懇請以爲
皇上憐臣病必放臣歸矣不虞
皇上諭以大臣誼當體國豈在潔身着遵旨卽出臣卽不肯何敢違命但臣病入膏肓有盧扁望而却走者卽此身且不敢保又何言潔又將以何者而體國此臣之所以懼違君命而再三冒死以請也且臣去矣臣之一片赤衷有不敢不爲

皇上盡言者臣幼承庭訓卽知有講學一事比壯歲登朝卽與一時同志如楊起元孟化鯉陶望齡諸臣立會講學三四年間寒暑風雨未嘗少輟世道人心頗覺可觀自臣壬辰告病歸而京師學會遂廢不講者三十年臣昨秋入京見人心世道不及曩昔邊臣不知忠義而爭先逃走妖賊不知正道而大肆猖獗中外貪肆成風縉紳奔競成俗諸如此類正坐道學不講之過臣因與左都御史鄒元標

慮深且遠

立會講學元標名世眞儒臣事之如師凡同講諸臣彼此皆以忠孝大義相勸力使人人皆知正道皆知君親之大倫或可以少挽江河狂瀾于萬一此正臣與元標風紀大臣之責任也臣衙門廳道諸臣以爲寺廟不便久借因捐公分建一書院此諸臣之義舉誠臣之所不敢當而臣私心又不專爲自己講學若專爲自己則何地不可講而必于書院原爲臣久有去志恐臣身一去則此學與之俱

去如壬辰以後光景因建此以存吾道之羊以待後之學者使京師首善之地永永有尊君親上之風先臣許孚遠有云斯道若明如晝日世風何慮不陶唐如此臣卽死有餘快況山林乎然營建方新而人言再至人之識見原有不同臣不復與之辨但以臣與元標之故而致廟堂之上議論紛紜則臣之心不安臣之罪益甚此臣之病所以日劇日危而不可救藥也望

皇上憫臣病亟。即賜罷歸。使臣得隨元標後同
出都門臣即旦夕塡溝壑。亦無遺恨矣。
天啓二年十月十四日奏十七日奉
聖旨馮從吾佐憲甚著風裁正見平日實學何
乃以此求去還遵旨即出供職該部知道

附左僉都御史鍾羽正疏

臣叨任　聖朝伏覩
陛下篤志向學、緝熙愓勵、親日講、御經筵、講讀
之臣、諄諄進說、文武卿佐、序列充庭、
皇上潛心聽納、日就月將、大小臣工、靡不歡欣
頌祝、惟願
皇上聖學日新、聖德日躋、登唐虞三代之隆、俾
天下臣民、莫不同心而向道、此舉朝之同心
也、夫君者臣之師者也、君旣向學、臣獨敢自

棄乎、且仕學非二道也、學者學其所仕者也
仕者仕其所學者也、賢傳聖經、總是治平之
具、官守言責、孰非性命之精、若判而二之、豈
士之學經、徒爲俯拾青紫、一登仕路、便可弁
髦經傳、而噤口講習之功耶、學之不講、是吾
憂也、非吾師之訓與、若帝王可不學。則精一
者何傳、大臣可不學。則啓沃者何事。群臣可
不學。則牆面者何云。前代勿論、祖宗設講學
之官、崇顧問之位、何者非勤聖學以爲臣民

眞學者之言

之法乎、法而禁之、其奚觀焉、或以爲國家多
事、兵寇相仍、講學似爲不急、臣獨以爲文事
武備、原本一宗、稽古聖人、赫怒發于道哶。誅
伐出于帝則。誓師動衆。必以降衷恒性爲言。
至于魯之多士。克廣德心。晉之元戎。詩書禮
樂。豈必無學。乃能用武也哉。臣待罪西臺、竊
見左都御史鄒元標、理學節義、卓冠群倫、左
副都御史馮從吾、默證潛修、特超塵俗、其在
衙門、振揚法紀、表帥憲臣、案無留牘、庭有暇

功、至其倡明經學、成就人才、孜孜惓惓、惟恐
一日不聞道義之談、一人不入聖賢之域、其
仰贊
皇上聖學之勤、率臣民而歸皇極、功甚大、心甚
忠且勤也、而奈何其禁之也、書院之設、實爲
皇畿首善之勸、臣入署新、始事未與、愛莫助
之、祄非有異同也、惟臣學識膚淺、不能取信
于人、致累二臣謬蒙浮議、乞先將臣罷斥、臣
退伏丘林、誦詩讀書、以終沒齒、伏願

亦只是學如此數語

可祗勉之者于言

皇上益勤聖學、講明經史、清心窮理、所其無逸
大小臣工。同心同德。廣德心。悅禮樂。敦詩書。
以贊內修外攘之治。登斯世于唐虞三代之
隆。臣不勝大願之至。
天啓二年九月　日

再懇天恩早賜骸骨疏　左都御史

臣頃以身病乞骸，蒙恩賜留，總之
陛下如天之仁，不棄簪屨，臣碎骨粉身，何能報
稱。緣臣已老且病，口欲語而氣不暢，目欲視
而神不朗，足欲行而筋不隨，外望之略似人
形，臣自度非久長之器矣。人之入仕，如人飲
酒，適量而止。臣官逾其涯，年過其時，不自知
止，至於顛敗傾覆，累
陛下知人之哲，負

真名言

陛下隆厚之恩，是臣一人，為縉紳辱賤不淺。臣
志决矣，無能為矣。惟
陛下赦臣死罪，矜臣昏昧，使臣得歸依丘隴，臣
不勝大願。至於察事伊邇，猶非敢聞，臣原無
操刀之志，即蒙彎弓之疑，總之不善藏刀，况
能游刃。臣嘗有語云：大臣青山有致，而後小
臣白簡無權。若使臣寡廉鮮恥，生平講習謂
何。

天啓二年十月　日奉

宦情看得冰冷

聖旨：卿碩德名臣，里居日久，召用未幾，何遽堅
意求去，還體朕意勉留，不必再陳。吏部知道。

又附左副都御史馮從吾四疏

頃臣以講學招尤患病請告

皇上不厭煩聒復蒙溫旨馮從吾佐憲甚著風裁正見平日實學何乃以此求去還遵旨即出供職該部知道欽此臣拜首捧讀感激零涕臣即至愚極陋何忍孤負君恩但臣之去有萬萬不可留者憲臣鄒元標于臣為前輩臣與元標同一志向同一學術書問切劘非止一日今幸追隨西臺共修職業數月以來

臺綱方有整頓之漸世道方有轉移之機而不意人言至矣講學修書院臣與元標同事今元標行矣臣復何待且臣自臥病以來日甚一日飲食全減藥石罔功倘臣旦夕不起是進不能偕元標報國以盡君臣之義退又不能偕元標去國以盡朋友之情平日所學之謂何豈不辱朝廷而羞當世之士耶懇祈

皇上俯賜慨允使危急病臣得與元標同去臣死且不朽臣感且不朽抑臣又有說焉二臣去矣但恐世之士大夫因二臣以講學修書院去則因噎廢食見刖廢屨相率以講學為諱以修書院為戒使聖明之世無端有禁學之風則關係世道良非淺尠此臣所以身雖去而心猶不安者也望

皇上明示諸臣以學之當講書院之當修無以二臣為口實又望

皇上益勵初心緝熙聖學經筵日講無因此而少輟將聖德與堯舜爭流而世道與唐虞並

盛矣臣愚幸甚天下幸甚

天啓二年十月二十四日奏二十七日奉

聖旨風紀重地馮從吾品望足任何得託詞引避且使朝廷有禁學之迹言官冒攻擊之嫌獨潔身名罔顧國體豈是臣子分誼還着遵

屢旨即出供職不得再陳該部知道

直陳眞情苦情懇容休致疏　左都御史

臣三疏乞歸、數蒙溫綸、如天如日、臣何敢承、惟焚香祝謝而已、除臣衰病狀、前已臚列、無容再數、惟是臣有眞情苦情、不容不暴白仁聖之前者、臣當神宗初年。同被譴者六七人。獨臣不死。已爲過望。回首故交。神骨凄凊。不知止而戀戀名塲。非臣之願也。奸細諸獄。西臺惟臣爲政。尚書王紀。以淸直法臣。策蹇而去。臣猶然不加譴責。非法之平也。昔言光祖朝事。臣與孫愼行後先有疏。愼行以明德耆儒而去。臣不見機明決。非臣之福也。臣可歸矣。原是青山之骨。行付青山而藏。惟陛下成臣末路。以不愧士大夫爲幸。方具疏間。又復見給事中郭興治一疏。臣始知是非不必分明。語爲馮三元傳臣言發也。三元初起官見臣。臣卽語之曰。往事再勿提。渠曰。是非却要說明。臣語之曰。今之邊事。家具一錐鑿。

越講是非。越不明白。不如忘言爲愈、不謂臣欲效他山之石。竟違浚恒之戒。臣之過矣。省臣謂無是非之心等語。則無惻隱之心非人。又非孟夫子語乎。惻隱之心。仁之端也。是非從惻隱中流出。是爲眞心之是非。可怒在彼已何與焉。謂熊廷弼失封疆乎。爰書具在也、謂三元昔時去國乎。則上已賜環矣。是非未嘗不明也。而臣所謂不必太分明者。亦未嘗不有常萬一。卽方從哲一疏。滿朝以酖毒爲言。臣謂姑待千秋者。亦不必太分明之一證也。今廷弼所少者。惟一死。廷弼死法不能獨死。如尚書。如侍郎。如中丞。如藩臬撫鎭諸臣、累累藁街。血腥燕市。成何景象。皇上初登寶極。才二年所。老成守法。議獄緩死之意。非過也。非獨臣一人言。爰書末後語可繹也。臣按孟氏此章、始卽曰人皆有不忍人之心、下節節發揮不忍之實、欲人人擴而充之、以保四海之意、是非之心、從惻隱中帶來。

肯予芝岡獨死奸人之願足矣

而下章再揭矢人函人之語。臣願爲函人。毋爲矢人。臣未嘗不遵孟氏之旨。至於張居正事。臣前疏已言。玆省臣又言之。臣敢竟其說臣礿疏云。居正才雖可爲。學術則偏。志雖欲爲。自用太甚。諸所責備者皆進賢決囚言路等事。非有他語。臣在省中。維時露章者。何止數百。忠憤者頗多。間有望風藏身之人。臣疏云昔稱伊呂。今異類唾之矣。昔稱恩師。今仇敵視之矣。當時臣無隻字發其隱。豈至今。四

十餘年與朽骨爲仇乎。旌其昔勞。正是勸今日生者。後來者俱被殊典。而獨靳居正乎。虛名浮譽。空中鳥影。世不以大人長者。休休有容之度敎臣。望臣如村樵里嫗。睚眦必報之流。則未與臣習也。臣弱冠而忝冒虛名。退處而深自懺悔。知浮名能滅道。緣深心內省。知聖人之道。悉具于易。每讀易乾坤二卦。乾卽曰資始。曰各正性命。保合太和。坤卽曰資生。曰含弘光大。品物咸亨。至于洗心藏密語。目

體語得眞

爲之朗。心爲之淸。神爲之怡。手爲之舞。足爲之蹈。知繼往開來。舍此別無學術。安身立命舍此別無根宗。報國承家。舍此別無箕裘。故臣自入朝來。知

沖聖在上。大敵在門。不敢一毫從名根起念。傷國家元氣。憤然處萬物之下。數十年所學與講者。如是而已。省臣言及。敢以質復。省臣言此必有見。亦不敢以浮答。臣惟國家設言官法至善也。先是寥寥數人。眞可寒心。今濟濟

庸人易知惟爲大賢固難測識亦無怪郭興治之曉曉也

百餘。當憂其盛。言出乎身。加乎民。夫安得不兢兢也。論事難。知人尤難。夫人有可以識量測者。有不可以識量測者。可識量測者。不過從軀殼起念。不可以識量測者。不從名相起念。嗟乎此可易語哉。休復之吉。愚臣永拜言臣之賜。無易繇言。言臣亦當鑒愚臣之悃矣。

天啓二年十月　日奉

聖旨卿秉心虛公持論平正所奏陳前事知道了老成進退世道有關還望卿勉留卽出視

事愼勿再辭該部知道

又附大學士葉向高疏

葢臣自弱冠爲諸生、聞元標抗疏廷杖、四海之人、凡有心知者、無不仰慕以爲眞古之遺直、比臣通籍、則元標再起爲給事中、爲吏部、皆以直言去、臣備員政地、人皆以不能起元標罪臣、即臣亦自以爲生平第一歉事、幸遇
皇考
皇上、録用遺賢、抜擢元標、而臣亦自田間來、得有同朝之喜、元標屢有去志、皆以勸留而止、

臣亦自盡其夙心耳、固不虞世之不能容元標一至此也、童蒙辨臣疏、謂無逐元標之心、此誠是矣、然自童蒙之疏上未幾、而郭允厚繼之、郭興治又繼之、童蒙病其講學、允厚併及其人品、興治又恐禁學非所以爲名、人品未可以遽定、遂深而擬之爲賊、三臣之意同、而其說則已三、亦其攻元標、可謂不遺餘力矣、提學官之改勅書、禁講學、毀書院、沙汰生員、此乃張居正所爲、非

所以不容鄒公者非爲講學蓋欲媚璫矣

祖宗朝法也居正之得罪于清議背成憲失人心正爲此事童蒙奈何引之臣爲書院記文固云世必有執江陵之見以消除者何其言之偶中乎

天啓二年十月　日

五懇生還疏　左都御史

臣乞身至再至四而

聖恩愈隆愈重臣萬死何忍言去臣有犬馬宿病與年俱增苟可獵榮誰肯捐棄顧影自憐不容一日兩者臣與刑部左侍郎嚴一鵬同丁丑而進與光祿卿許維新同辛亥而生二臣背得徼隆恩體其至情賜之歸息臣與二臣似不宜有異同也臣查先朝諸大臣請不過一疏二疏即允其歸此以廉恥之道待臣工臣子亦以勿欺之義告君父歷朝事體猶可想見其後請者與留者姑請之而姑留之恬不爲怪是下不以誠事上而上過厚也非國家維世激俗之意矣臣謹移家出城封印貯廳事外再九拜以懇雨雪飄搖路行甚難不勝盼望疏完始得覩郭允厚又疏前皆隱語臣未盡知今始知所謂問家世語者謂佟卜年等獄耳佟卜年的係奸細亦當覈其宗派方能坐以重罪即極詳審猶恐疎略似不

足爲臣過也。至于彌陀等語。益是日有僧本
善、重夾數次、流血兩足、臣語之曰、自投網羅、
空念彌陀、記事者誤聽之、而妄傳之、三法司
諸臣具在、可問也、臣審大獄、與先任尚書王
紀、凡數次、俱幸無罪、獨是獄臣互相商確。不
覺重複。益既下三法司、臣一法司之長。又官
刑部後先五年。粗知事例。獨不使臣一言乎。
臣不識風浪妄爲亭疑臣過何辭。水戸一事。
益緣矜失廣寧時。都城擾攘。巡城下檄逐諸

水戸。臣原未有疏。省臣查之。各水戸聚族數
百人。訴都察院門首曰。民等劚土剪茅。聚廬
而處。數十年。無事則應差。有事則前驅。若一
一而逐。必至流移。無室無家。號跳叫嘯總是
一𠀤。臣語之曰。此必有處。入商之閣部大臣。
僉云仍之便。臣即傳司廳。語五城。仍之爲妥。
蓋亦諸臣持危治亂深思。須刻間。便各坊聚
至七千金。請人居間。即
皇上未必能得之。有毫私而以情居間者。來與

惟其肯行故肯言公胡不察其人

聽者。皆水戸也。都門訛言。朝夕互變。或有欲
藉此攫水戸者。故深恨爲此言乎。在衙門非
私寓也。揖讓豪傑等語。允厚肯言之行之。臣
亦然矣。不然。縉紳自有體也。可以理信矣。書
院滅價、與大石窩事、臣一切不聞、省臣謂臣
學入於玄釋。玄釋臣所不棄。而旨則異。臣之
學。在生生。而釋則無生。玄之學。意在長生。臣
之學。在無忝所生。臣學四十餘年。良朋勝友。
亦儘有志。實無所得。不過一腐儒耳。且知學

欲窮性命之微。非學一先生言所能了。先臣
王守仁詩云。俗學未堪欺老衲。昔賢取善及
陶漁。陳獻章詩亦云。仙家亦有調元手。屈子
寧非巨眼人。二大儒亦嘗從此而入。世亦以
佛學目之。不但二儒。宋之陸九淵楊簡。來此
議於宗矣。聖學有門有堂。有室有奥。及堂而
後知門外之曠也。及室而後知堂之淺也。及
奥。忘其門與堂與室矣。世有嘉穀。弗食弗知
其美也。夫世間之事。皆可以意氣承當。語言

測度意識揣摩。惟斯學非更數十年未易輕言。允厚覩臣書。儒乎。釋乎。玄乎。爲醇爲駁世必有知者。世路榮華。爍火電光。大都一時難盡。俟之千百世可知臣行矣望煙波鈎艇以老以歿無庸寘臣於叢棘矣至於

上恩未報萬一。則實歿不瞑目也。

天啓二年　奉

聖旨從來君子難進易退但卿大臣誼豈恝然且入言意不在學又何必以所學與質仁賢

[illegible]關世道隱憂此朕惓惓留卿本念還着司務[illegible]諭卿其幡然留行用副朕延佇至意該部知道

萬分苦情再乞生還疏　左都御史

臣以本月十三日五疏乞身、拱俟至今、未得

奉旨臣誼當久待顧臣風燭之年。而屢請不遂。心情狼狽。兼之室家已移。院印已交。無復能一朝居者。

陛下肯賜一月是臣一日之生也臣惓惓上聞

陛下如天之仁。何所不覆。如日之炤。何所不臨。不然。恐長士夫頑鈍之漸開奸雄窺瞷之端是以臣一事作之偏也惟

陛下速賜俞允。不勝籲懇待命之至。

天啓二年　月　日奉

聖旨卿耆德真儒忠誠端亮方賴名賢表率群僚乃累疏控陳情詞懇切特體雅志准馳驛回籍以需召用仍加太子少保用示眷懷該部知道

謝辭疏　左都御史
臣於二十日具疏、六懇天恩、蚤賜生還、欽奉
聖旨、卿耆德眞儒、忠誠端亮、方賴總持憲紀、表
率群僚、乃累疏控陳、情詞懇切、特體雅志、准
馳驛回籍、以需召用、仍加太子少保、用示眷
懷、該部知道、欽此、臣田野腐流、草茅末品、雖
硜硜有志、徒碌碌無庸、非薄世塗、自安固陋、
宮端何地、保輔何官、非碩德名儒、未易輕冒、
惟眞修實學、始足克承、臣立朝方懷不忠之

悚、豈歸田乃叨踰分之榮、在
皇上過施敝帷之仁、在微臣當知盈滿之戒、拜
命心戰、望闕魂搖、謹三肅叩辭、除馳驛恭領
慈仁外、伏乞收回前項宮保成命、庶愚分獲
安、愚心不愧、當與田叟野老、時時祝聖壽無
疆矣、
天啓二年十月　日奉
聖旨、朕優禮老成、加秩已有成命、卿宜祇受、勿
辭、該部知道

此時眞正可守

大病根也

信然

去國陳悃疏　左都御史
臣一介書生。三朝豢養。犬馬無知。猶知報主。
臣屬人類。而敢忘君。臣欲望闕叩首行矣。思
今國家大事。惟北憂虜。策虜者何慮數千百
人。以臣愚見先定守之一局夫眾不可支十
年。而帶甲不滿數十萬者。未易言恢復也。即
恢復矣其誰與守
陛下無輕信諸人急恢復也。廣寧還我、則內固
有基、不然、山海岌岌矣、薊遼永平二大鎮、戚

繼光諸壘、亟當修補、品字田形、當亟議行。無
竟塵故牒。臣嘗思遼之失、始於李成梁成梁
封伯、遼之諸人各有雄心、每殺熟夷上首功。
家家萬戶侯者數人、奴酋不解之讎、繇於殺
其祖父、故今稱戈不已、且一鎮之內、絃管四
沸、婦女衣翡翠、竊比王侯、男子習狙詐、奈之
何天不厭其地、而使之淪於夷也、次壞於高
淮、淮在遼東。地皮欲穿、人人思亂、而遼遂不
可支矣、三壞于鎮臣往者、遴才而畀近背半

欲媚朝貴非人參貂皮不滿其欲安得不取但不知以遼與奴實始此也可惜可惜

門生故吏欲使之橫貴而諸鎮臣自囊人參貂皮外別無奇策惟聽李成梁鼻息以取功名而以全遼畀奴酋矣至今言之可為髮豎

陛下豈盡知乎。

陛下次憂在黔蜀、藺酋之逞也。蓋蜀遠而黔近。其種種作惡。黔撫臣按臣數其惡狀。蜀兩臺按院。及諸縉紳起而與黔爭。養如驕子釀至今日楊應龍非真有叛謀也。五倫滅絕。自其嘗事好事喜功者開其端往勘居間者利其

字字真事事實

賄勘不足憑居間不足憑惟有獸窮必鬭爾。安酋鑒彼覆轍。原蓄異志。貪夫因其襲替而遂激之。今炎炎之勢未易撲滅。臣料此酋必敗者有四。背面受敵必敗者一。四十八頭目。人皆有心間而攜之從中為應必敗者二。我雖無餉。楚蜀與滇猶可策應彼之農已兵矣田土荒蕪矣餉未必繼必敗者三。我兵有制。彼苗衆自綿被斗櫓外一。鼓而竭望巖以奔能善招之必為我用必敗者四。有此四敗。彼

談酋事如淮陰用兵出入變化俱在指掌蓋公成夜郎時於深

林密籌中籌之者久所以確有定見

自作孽。然我應之。亦有三難。播州在一山中環而攻之其勢聚安酋四面受敵我亦四面出兵其難一。昔一播酋三大中丞方能成功。今當用中丞四始可動兵其難二。昔物力尚盈。今當家空人竭之時非發內帑不可濟。其難三。將材別有一種意態。今輻輳京卿者皆異材也新發於硎尚屬朝氣在當事遴而馭之耳用之於試不如用之於習四川左布政林宰。夙有令聞。功在危城。可鎮撫蜀。原任巡

深得用人之道

撫朱燮元。即以左司馬兼總督。付之搗巢。奢酋可無憂矣。見任少卿潘濬。原巡按貴州楊鶴。今付以黔事舊日封疆。諳若指掌可借箸也。又如原任尚寶卿彭遵古。給事段然。原任知府黃洽中。皆有軼才可使。楚與黔近朝命夕至。惟

陛下擇而用之。今天下加餉。民貧極矣。民望久矣。臣嘗告司農汪應蛟曰、宜先減半、付之各省兩臺司道府縣、私為議處、但可為民拯水

真正愛民

火之阨不必究其施為一律也惟
陛下毅然行之
陛下卽位未幾黃河澄清與
世宗初年一致。地呈瑞者一。項山東亂糧艱難
度天雨半月。賊窘嶧山饑死者半。天助順者
二。今年穀豐登。民獲有秋。天助順者三。雖各
處有盜賊之儆。然
世宗初年。亦始於山東。如禍走。如大同。三處見
告。今日時勢與

世宗朝無異。在以定見定力。挽回天意耳。
陛下一身。天地祖宗之身。山河社稷之身也。語
云自天子以至於庶人、壹是皆以脩身為本、
臣謂修身當以養身為先、孟軻氏曰、無尺寸
之膚不養、又曰養心莫善於寡欲、養身要矣、
寡欲先焉、寡欲則精自充、心自廣、體自胖、是
為德潤身、臣嘗見市人一瓜一果、時時津潤、
不使枯槁、因思潤身之旨、亦不敢賤惡其身、
故敢以養身之言進、卽此是精一。卽此是克

復帝王大經大法。卽此為之根基。亦所以為
社稷也。內帑時發、臣不為
陛下憂、所憂者在民之聚散耳、先是有問財聚
民散之旨、臣語之曰、財猶水也、水欲其流、不
欲其聚、水之聚也、必至漂屋蕩舍、民惡得不
散、水之散也、民始劚土翦茅以居、惡得不聚、
神宗拮据三十年、內帑之積、雖為兵事散盡、奸
賊騙盡、此亦聚散常理、內帑空而邊事寧矣。
有志士紳。且視阿堵如糞土。而況居九五之

尊。順天應人之聖主乎。百姓足、君孰與不足、
陛下可以理自信、凡有請者、慨然捐發、無憂貧
矣、近時臣工、或以門戶自相疑猜、此從身名
上起念、臣與冢卿張問達相處年餘、
陛下試詰張問達、臣曾說門戶中一人乎。益臣
實見天地間一草一木一民一物不忍傷殘
其有才有猷者。安其職事而已耳。又實見得
人之稟氣各有偏全。人之識見。各有高下。從
德性用事者。反求諸身。不作同異見不作人

公一生愛惜人才孜孜不倦至此畢竟寫出可見老成用心之厚

妙妙

我想從情識用事者，但求諸人，東猜而西疑，左睽而右使，曾不思前數年諸人，始而酌水盟心，既而倒戈相向者，何人？而猶不各行所知，以不負所學，非國之幸也。

陛下洞燭其情，處之以和平，則朝端享清淨之福不難矣。年來一種萎靡退託之氣，急宜整頓。如諸臣建一議，奉旨必行矣，顧得旨未必速抄也，抄而未必即行也，行而未必即復也，日捱一日，年捱一年，兵餉政務俱從口角上

談過。踈上無責寔之令，故下多因仍之習。臣愚謂一科宜管二月，自正月至二月，以吏科始。凡奉旨下部者，限以某月完，如各省考成事例，一冊送閣，一冊留科，至雙月終，科臣巳完與未完事件報閣，取旨上裁，六科總一考成，不完者罰有差等，庶幾事事着實，不托之空言矣。世之所避忌者，惟府怨耳。苟眞有爲國家眞心，即府怨何妨？丞相要開河，功多怨亦多，千年萬載後，功在怨消磨，古人巳言之，

孤臣去國以人事君

其千百載下，自有亮之者，不必避也。起廢諸臣，老成端重者，不必盡拘資格；山林久滯者，亦當念其衰遲；公事見逐，如熊德陽等，亦當早爲牽復，以天下人才，襄天下治平，以扶我

皇上億萬年無疆之祚。臣身在草莽，得覩堯天舜日之盛，生固榮，臣死亦榮。臣遠離

闕廷，不勝耿耿血誠之至。

高邑此疏爲吉水復關生面此正不用之爲眞用也

附吏部尚書趙南星疏

項者南吏部尚書北戸部侍郎等官員鈌臣等會同九卿科道廷推左都御史等官鄒元標鄭三俊等皆蒙欽點惟元標未下元標者以

皇祖五年進士刑部觀政即論劾專權奪情之大臣而廷杖遣戍者也

皇祖起而未竟其用

皇上擢爲總憲以講學被小言而去舉朝皆望其來臣等與諸臣共推之未能即得僉言以

皇上知人之明同于日月豈猶有疑於元標之未宜推乎夫元標釋褐之始即捐軀以爲國家其忠孝宜推也俸祿之外囊無一錢書帕不敢入門其廉潔宜推也可仕若挾其山林可止即忘其軒冕其恬退宜推也夫此等皆今人之所不能也元標用而士類有所矜式其裨益朝政多矣以元標之賢而

皇上猶不即用則是捐軀報國者不足信也廷推而不即用則是舉朝皆不足信也無乃非堯舜疇咨急賢之意乎

天啓四年二月　日

鄒忠介公奏疏卷之五　終